教育教学设计与
教师发展路径研究

王岩　时华　李锡庆　著

经济日报出版社

北　京

图书在版编目（CIP）数据

教育教学设计与教师发展路径研究 / 王岩，时华，李锡庆著 . -- 北京：经济日报出版社，2024.6
ISBN 978-7-5196-1488-1

Ⅰ . ①教… Ⅱ . ①王… ②时… ③李… Ⅲ . ①教学设计—研究②师资培养—研究 Ⅳ . ① G42 ② G451.2

中国国家版本馆 CIP 数据核字 (2024) 第 108881 号

教育教学设计与教师发展路径研究

JIAOYU JIAOXUE SHEJI YU JIAOSHI FAZHAN LUJING YANJIU

王岩　时华　李锡庆　著

出　　版：经济日报出版社
地　　址：北京市西城区白纸坊东街 2 号院 6 号楼 710（邮编 100054）
经　　销：全国新华书店
印　　刷：廊坊市海涛印刷有限公司
开　　本：710mm×1000mm　1/16
印　　张：10.75
字　　数：178 千字
版　　次：2024 年 6 月第 1 版
印　　次：2024 年 6 月第 1 次印刷
定　　价：68.00 元

前言 PREFACE

在现代教育中，教师是至关重要的力量，他们不仅是知识的传播者，更是学生成长的引路人。随着时代的变迁和教育的深入发展，教育教学设计与教师发展路径成为教育领域备受关注的话题。本书旨在探讨教育教学设计与教师发展路径之间的密切关系，为教育工作者提供理论和实践的指导。

教育是国之大计、党之大计。教师则是教育事业的支柱，是立德树人的关键。面对新时代的教育挑战，教师专业发展尤为重要。教育教学设计作为教师专业发展的重要组成部分，不仅关乎课堂的教学质量，更影响着学生的全面发展。教育教学设计是一项系统而复杂的工作，它要求教师具备先进的教育理念、扎实的教育教学理论知识和灵活的实践应用能力。本书从多个角度探讨了教育教学设计的理论与实践，包括教学设计的基本原则、方法与技巧，以及如何运用现代信息技术优化教学设计。

教师专业发展是一个持续不断的过程。在这一过程中，教师需要不断更新教育理念、提高教育教学能力、拓展专业知识结构。本书不仅关注教师在职前教育阶段的培养，还关注他们在职后教育中的持续发展。本书通过丰富的案例分析和实践建议，为教师提供多种发展路径，帮助他们不断提升自己的专业素养。

教育教学设计与教师发展路径研究是一个具有深远意义的课题。本书的出版不仅有助于推动教育教学的改革与创新，还为教师的专业成长提供了有力的理论支撑和实践指导。我们希望通过本书的传播与推广，激发广大教育工作者的热情与智慧，共同为培养德智体美劳全面发展的社会主义建设者和接班人贡献力量。

在本书的写作过程中，笔者得到了众多专家、学者和一线教师的支持与帮助。在此，笔者表示衷心的感谢。同时，笔者也深知书中仍有不足，敬请广大读者批评指正，共同推动教育教学设计与教师发展路径研究的深入发展。

作者

2024年3月

目 录 CONTENTS

第一章　现代教育与教学设计理论审视

在当今社会高速发展的背景下，教育一直被视为创造未来的关键力量，现代教育与教学设计理论审视成为教育体系不可或缺的一部分，教育不再局限于传统的教学方式，而是面临着更加复杂多样的挑战和机遇。在这个背景下，对现代教育及其教学设计理论的深入研究与审视显得尤为重要。鉴于此，本章主要研究教育的性质、特征与功能，教育整合与管理体系审视，现代教学设计的理论支撑，教学设计的过程及其模式。

第一节　教育的性质、特征与功能

一、教育的性质

对教育属性的认识，就是了解教育的本质特别是了解教育这种社会现象与其他现象之间存在的差异与矛盾，从而了解教育区别于其他事物的本质属性。"教育是培养人的一种社会活动，是传承社会文化、传递生产经验和社会生活经验的基本途径。""教育的本质就是教给人生存的能力。"①所谓本质，是该事物区别于其他事物的内部规定性，它是由事物内部矛盾的特殊性决定的。教育的本质属性就是人类特有的、以影响和发展人的身心为直接目的、有意识地培养人的社会实践活动。教育作为一种社会现象，是社会的一个组成部分，与社会生活各个

---

① 左晓光. 教育的本质 [J]. 师道·人文，2021（2）：1.

方面有着广泛的联系，因而教育还有体现自身特征的社会属性。

（一）教育的永恒性

教育是人类社会特有的现象，它产生于人类社会的生产劳动，并随社会的发展而发展。只要人类社会存在，教育就存在。教育的永恒性是由它本身的职能决定的。教育作为传承文明的手段，使人类文明代代相传；教育作为社会发展的前提，使人类社会不断完善。教育从产生之日就具有传递社会生产经验和社会生活经验这两种最主要、最基本的职能。人依靠生产劳动维持生活，依靠教育来传递社会生产和社会生活的经验。如果没有教育，任何社会都将无法进行物质财富和人类自身的生产和再生产。由此可见，教育是人类社会赖以存在和发展的必要条件，是人类社会物质资料和人类自身的生产与再生产必不可少的手段。因此，教育是人类社会生活普遍的、永恒的范畴，具有永恒性。

（二）教育的历史性

教育随人类社会的产生而产生，随人类社会的发展而发展。在人类社会不同的历史时期，教育的性质、目的、内容、具体表现形态各不相同。教育是一个历史的范畴，具有历史性。教育的历史性集中表现在时代性和阶级性两个方面。教育的时代性主要是指教育的发展受不同时代生产力发展水平的影响。不同时代有不同的教育，不同时代的教育有不同的特点；同一时代的教育，无论其社会性质如何，会有某些共同的时代特征。教育的阶级性是阶级社会里教育的属性之一，指一定的教育反映一定阶级的利益并为之服务的特性，即教育为谁培养人的问题。教育的阶级性是由阶级所决定的，集中地体现为教育的社会性质。教育的阶级性不是永恒的，而是历史的，是人类社会发展到一定阶段的产物，它只存在于人类社会一定阶段的教育中。

（三）教育的社会性

教育的社会性是教育的基本属性，指教育是培养人的一种特有的社会现象。教育同社会的产生和发展有必然的联系。教育是传递生产经验和社会生活经验的必要手段，是人类社会延续和进步的必要条件。教育以越来越复杂的形式适应社会发展的需要，为社会的政治和经济服务。教育主要通过语言和文字来进行，而语言以及文字是人类社会的产物，是人类社会所特有的。教育起源于劳动，而劳动是在人类社会集体中进行的。教育是为适应人们在生产劳动过程中传递生产经验和社会经验的实际需要而产生的。教育自从生产劳动中分离出来后，便担当起独立的社会职能，成为专门传递人类社会的物质与精神文明和培养人的活动，最终目的是使人社会化。

（四）教育的独立性

教育是专门培养人的活动，与人类社会的生产生活紧密联系，但它在发展中形成了自身的规律，表现出自己的独立性特点。教育的发展体现出自己的发展逻辑，与过去的教育有深厚的渊源，具有自身的继承关系。教育与社会政治经济制度和生产力发展水平不是完全同步的，存在着教育超前或滞后的现象，与社会政治经济发展具有不平衡性。总而言之，教育这一社会活动与社会其他活动之间存在着本质的区别。教育以人的身心为其活动的对象，以促进人的发展进而促进社会的进步为根本的目的，这是教育的本质属性的基本反映。

二、教育的特征

（一）教育的根本特征

在人类社会中，存在着众多的社会现象，每一种社会现象都有它的本质特征。教育区别其他社会现象的根本特征在于教育是有目的、有意识地培养人的社会实践活动。专门培养人是教育的根本职能，是教育的特质所在，这是教育的最基本的特征。对于一个人而言，只有在其成长的过程中，给予必要的教育，他才有可能从一个生物实体的人，转化成为社会现实的人。教育活动的目的就在于：使人能够成为一定生产力的承担者、一定生产关系的体现者和一切精神生活的积极参与者，在于把生物实体的人转化为社会现实的人，在于使个体的发展和社会的发展相统一。

培养人是教育最直接的目的，也是教育最本质的属性。因此，教育最基本的特点是专门培养人，这一本质特征贯穿于人类社会的一切教育之中，其他社会现象也对人直接或间接地产生影响，如环境、社会实践活动及上层建筑等。但是，由于它们不是以专门培养人为目的的职能，因此，对人的影响不是系统的、全面的，都有偶然性以及片面性。而以专门培养人为根本职能的教育，又有专门经过培训的教师，对人的影响总是在遵循人的身心发展规律的前提下，有目的、有计划、有组织地进行的，因此，它对人的影响总是全面而系统的，指向人的身心发展的各个方面，对人的影响也是最有效的。专门培养人是教育的核心特点，教育的其他特点都是围绕这个特点而展开的不同方面。

（二）全面性和系统性特征

教育影响人的一个突出特点还在于全面性和系统性。教育是培养和塑造人的专门活动，它不仅把个体人作为自己的活动对象，而且把受教育者作为一个完整的人来施加影响。一个社会的人，为了适应社会生产以及社会生活，必须承受社会现有的生产力和社会关系，同时，参加生产和生活实践活动，这些都必须以自己的身体这一物质基础为前提。因此，一个人的形成是身心的统一，是思想意识、知识技能及体质、体力等方面的综合发展。

教育对人的综合发展的影响是全面的。人的各方面品质的形成不是一朝一夕的事情，具有由低级向高级连续发展的规律，并且各品质之间存在着相互影响、相互作用的关系，这些就决定了教育的连续性和系统性的特点。教育的全面性和系统性的特点，要求在教育实践中对受教育者进行德智体美劳全面发展，循序渐进，系统培养。

（三）自觉性和强制性特征

教育对人的影响作用的发挥，一方面具有自觉性的特点；另一方面也体现了一定的强制性特征。教育具有自觉性的特点在于教育的对象是人，人是有主观能动性的。教育要真正发挥对人的影响的效能，就必须充分调动教育对象的自觉性。教育要实现社会对人的要求，必须努力把社会的要求变成个体的愿望和需要，从而使个体产生行为动机。但是，要充分发挥教育对人的影响的效能，仅靠教育去调动人的自觉性是远远不够的，还必须同时辅以"约束"力，即教育具有一定的强制性。教育活动中的自觉性必须以一定的规范性和约束性为前提，而教育过程中的约束性和强制性又要以自觉性为基础。

（四）现实性和未来性特征

教育从现实出发，要为社会现实服务，其活动效果具有现实性的特点。教育是培养人的活动，是一个长期的过程，具有未来性的特点。教育效果体现现实性和未来性是教育的一个重要特点。教育的现实性是指教育要满足当前社会发展对人才的需求以及社会成员现实生活对教育的需要和满足。教育要立足现实培养人才，为社会现实发展服务。

教育的效果更体现未来性，因为一个人的成长有一定的客观规律和时间过程，需要一定的时间周期和精心培养，其效果在十几年甚至几十年之后才能体现出来，即教育效果具有迟效性。从总体上而言，教育总是指向未来的，即它要培养的人，不仅仅是为了适应现实生活，更是为了通过对现实生活的适应来改造现实，以创造更为美好的未来。因此，教育正是基于现实而指向未来的，超越性是教育的本质所在。教育效果的未来性决定教育必定具有超越性。教育的超越性本质，并不排斥教育必须从现实规定性出发。具有超越性的教育，不是以现实的规定性来限制教育，而是树立教育要有立足长远、系统艰巨、效果后发的思想，善于把未来性赋予一定的现实性。

三、教育的功能

教育作为人类社会发展的重要组成部分，自古以来便承载着传播知识、塑造品格、推动社会进步等多重使命。教育的功能，既体现在对个体成长的深刻影响，也体现在对整个社会文化、经济、政治等领域的深远作用。随着时代的变迁，教育的功能也在不断地丰富和拓展，其在人类社会发展中的地位和作用越发凸显。

（一）教育对个体发展的功能

1.知识传授与技能培养

从知识传授与技能培养的角度而言，教育的首要功能在于为个体提供系统而全面的知识学习。通过精心设计的课程设置和科学的教学方法，教育使个体能够逐步掌握各类基础知识，如数学、物理、化学等自然科学知识，以及历史、文学、哲学等人文社会科学知识，这些知识为个体认知世界提供了基础，也为他们未来的职业发展和社会生活奠定了坚实的基础。同时，教育还注重培养个体的专业技能，通过学校教育、实习实训等方式，使个体能够掌握一定的职业技能，更好地适应市场需求和职业发展。此外，教育在培养个体的学习能力、创新能力和实践能力方面也发挥着重要作用。通过启发式、探究式等教学方法，教育激发了个体的学习兴趣和求知欲，培养了他们的自主学习能力和终身学习习惯。同时，教育还鼓励个体敢于质疑、勇于创新，通过实践探索解决问题的方法和途径，提升他们的实践能力和创新素养，这种全面的能力培养，使个体能够更好地适应不断变化的社会环境，实现自我价值。

2.品格塑造与价值观引导

个体在成长过程中，不仅需要知识的积累和技能的培养，更需要正确的道德观念、审美观念和价值观的引导。教育通过德育、美育等教育形式，引导个体树立正确的道德观念，培养他们的道德情感和道德行为。同时，教育还注重培养个体的审美能力和审美素养，使他们能够欣赏和创造美，提升生活质量。在价值观引导方面，教育通过传授人类优秀的文化遗产和社会规范，引导个体形成积极向上的价值观和人生观，培养他们的社会责任感和公民意识，这种品格塑造和价值观引导，有助于个体形成健全的人格，成为对社会有益的人。

3.心理发展与情感关怀

在成长过程中，个体面临着各种心理挑战和情感困惑。教育通过关注个体的心理变化，提供必要的心理支持和情感关怀，帮助他们建立自信心、自尊心和归属感。同时，教育还注重培养个体的情绪管理能力和人际交往能力，使他们能够更好地应对生活中的挑战和压力，这种心理发展和情感关怀，有助于个体形成健康的心理状态，更好地实现自我价值和社会价值。

总而言之，教育对个体发展的功能是多方面的、全方位的，它不仅为个体提供了知识传授与技能培养的机会，还通过品格塑造与价值观引导以及心理发展与情感关怀等方式，促进了个体的全面发展。因此，应该高度重视教育的价值和意义，为个体提供优质的教育资源和教育环境，帮助他们实现自我价值和社会价值。同时，也需要不断研究和探索教育的最佳实践方式，以更好地满足个体发展的需求和社会发展的需要。

（二）教育对社会发展的功能

1.文化传承与创新

文化是一个民族、一个社会的灵魂，而教育则是文化传承与创新的重要载体。通过教育，人类社会的文化遗产得以传承和发扬，为后代子孙留下宝贵的精神财富。无论是语言文字、历史传统，还是价值观念、道德规范，都通过教育得以延续和传承。同时，教育还鼓励创新思维和创造能力的培养，推动文化的创新和发展，这种文化传承与创新的功能，有助于保持文化的多样性和活力，使文化在不断发展中焕发出新的生机和活力，从而推动人类社会的文明进步。

2.经济发展与人才培养

在当今时代，经济竞争已日益演化为人才和知识的竞争。而教育，作为培养人才、积累知识的主要途径，对经济发展的贡献不言而喻。通过培养高素质的人才，教育为经济社会发展提供了强有力的人才支撑，这些人才具备扎实的专业知识、良好的创新能力以及卓越的实践能力，能够推动科技进步和产业升级，促进经济结构的优化和升级。同时，教育还通过提高劳动者的素质和能力，提升整个社会的生产效率和经济竞争力。在现代社会中，劳动力素质的提升已成为推动经济发展的关键因素之一。通过教育，劳动者能够掌握更多的知识和技能，提高生产效率和工作质量，从而为社会经济的持续发展注入新的动力。

3.政治稳定与社会和谐

一个社会的政治稳定和社会和谐，离不开公民的政治素养和道德素质。而教育，正是培养公民政治素养和道德素质的重要途径。通过普及法律知识、培养公民意识和社会责任感，教育有助于增强个体的法治观念和道德观念，使公民能够在法律框架内行使权利、履行义务，维护社会的公平正义和和谐稳定。同时，教育还能够提升公众的政治素养和参政议政能力，使公民能够更好地参与政治生活、表达利益诉求，推动民主政治的发展和完善。在这个过程中，教育不仅促进了政治稳定和社会和谐，还为社会的长治久安奠定了坚实的基础。

（三）教育功能的拓展与深化

随着时代的进步和科技的发展，教育的功能也在不断拓展和深化。一方面，教育逐渐突破传统的课堂界限，向数字化、网络化方向发展，为个体提供更加便捷、高效的学习方式和资源；另一方面，教育也更加注重培养个体的综合素质和创新能力，以适应快速变化的社会环境和未来挑战。此外，教育还在推动国际交流与合作方面发挥着重要作用。通过跨国教育项目、文化交流活动等形式，教育促进了不同国家和地区之间的相互了解和合作，为构建人类命运共同体奠定了基础。

教育的功能具有多维度、多层次的特点，既体现在对个体成长的深刻影响，也体现在对整个社会文化、经济、政治等领域的深远作用。随着时代的发展和教育理念的更新，教育的功能还将继续拓展和深化，首先，应高度重视教育的发展与创新，充分发挥其在个体成长和社会进步中的重要作用。在未来的教育实践中，需要不断探索和尝试新的教育方法和手段，以适应时代的需求和个体的变化。其次，应关注教育的公平性和普及性，努力消除教育资源的差距和不平衡，让每一个个体都能享受到优质的教育资源和服务。只有这样，才能真正实现教育的功能，推动人类社会的持续发展和进步。再次，应认识到教育功能的实现需要全社会的共同努力和配合。政府、学校、家庭、社会等各方应形成合力，共同为个体提供良好的教育环境和条件。最后，应加强国际的教育交流与合作，借鉴和吸收国际先进的教育理念和实践经验，推动我国教育事业的不断发展与创新。

第二节　教育整合与管理体系审视

一、教育的整合

（一）教育整合的意义

联结组合多个性质不同的现象、事物或主体，使它们在趋于相同的价值整体上进行融合的过程就是整合。对于教育而言，能够体现其意义的整合，主要包括以下四个方面。

第一，整合这种哲学方法论是被高度概括的，分为理性层面的方法论、经验层面的方法论和哲学层面的方法论三个层级。方法是一种研究方式，即规范和程序，方法论则是一种理论，属于方法本身。方法论这种理论抽象存在于方法之上，有一定的权威和规范。

第二，整合是教育理论建构的基础。整合是教育理论建构中最基础的，是教育理论和实践建构、运行的总纲，是教育理论和实践的核心。全部教育的理论基础、思维方法和实践模式都是建立在整合之上的。从这个意义而言，可以把整合称为教育理论建构的切入点，它使教育研究获得一种高远的视界，从而可以看清教育的本质和全貌，洞悉教育的远景和走向，并在这样的整合追求和实践中实现超越。

第三，整合是拓展创新可能和边界的"利器"。整合作为方法论是始发性的，因此在整合的方法中寻求教育创新才是教育的目的。此外，整合的方法为教育的理论和实践创新提供了无限可能性，它可以在跨界整合中极大地拓宽教育的边界和领域，催生教育的发展创新；也可以贯穿教育一切过程的始终，催生教育的实践创新；还可以与各种学科理论、思想整合交集，催生教育的理论创新和超越。

第四，整合是构建教育学科的着手点。专业人员在其独有的领域建立出的专门化知识体系就是学科，这一学科在专门的术语和方法的基础上建立，有着严密的体系、一致的概念和可靠的结论。目前社会还没有广泛认同教育一级学科的地位，因此，教育一直处于教育学的从属地位。一门学科在学科建设的条件方面有三个层面，即"道""学""技"。"道"指的是一种立场、思想、观念和方法论，能够影响学科的发展，属于哲学范畴；"学"主要探讨原理、机制和规律等方面，属于科学范畴；"技"主要表现为技巧、技术、方法等，是一种行为方式，属于技能范畴。在教育学科内，"道"会对"技""学"进行统领，并将其整合进而建设学科。

（二）教育整合的特征

特征是事物的特性和表征，是事物区别于其他事物的特殊性的体现。理论特征是指某一理论所具有的独特的个性表征，它是理论由内而外彰显出来的一种品质，同时是由外而内蕴蓄的一种特性。教育整合的特征主要包括以下几个方面。

1.普遍性

普遍性是教育整合的存在特征。对于教育而言，整合是普遍存在的。它主要包含以下两方面。

（1）教育的整合普遍存在于教育的发展过程中。换言之，教育所涉及的各个领域和方面，所存在的事实和现象都可以纳入整合的视野和范畴予以观照和审视、解读和揭示，没有例外。

（2）教育的发展过程自始至终存在着整合。例如，校企合作、教育体系、课程改革、资源共享、师资要求等，都始终与整合相伴随。旧的整合过程完结，又将酝酿和开启新的整合，它是一个周行不殆、循环往复以至无穷的过程。教育就是一种整合的存在，整合是教育的存在形式。

2.联系性

教育的整合就是对事物各种联系的发现和把握。因为只有发现联系，才能将二者联结、整合到一起；反之，如果没有联系或虽有联系却没有发现，都无法实现整合。如职业能力与技能训练是一种直接联系，可以把二者联结到一起，形成整合。但职业能力与知识和工作任务之间的联系，就不是那么明显，它们是间接联系，发现这种联系需要眼力和智慧。只有在具体的工作情境中，发现事物内在的、深层次的联系，才能实现对教育有价值的创新整合，从而指导教育的实践。所以，联系是整合的基础和前提，是生成整合的基本特征。

3.整体性

整体性是教育整合的完型特征。整合是以综合为手段，从整体上把握事物的哲学方法。整体性是整合后的事物体现出的一种完型特征。系统理论特别强调事物的整体性或整体功能，强调1+1>2的整合效应或系统功能。

整合的整体特性在于以下两点。首先，要有整合的整体意识，立足整体看事物，观万象，这样才能看清整体，总览全貌。其次，要重视整合结果的整体优化，这里借助1+1数字模型来说明整合结果的情况：①1+1<1，这是一种完全失败的整合。现实中这种整合有时也是存在的。例如，当整合是冲突、自耗的整合，就必然会产生小于1的结果。②1+1<2，与整合的预期相比，大为缩水，并没有达到整合预期的效果。③1+1=2，这是整合的正常情况，是一种无衰减的平衡态整合。④1+1>2，大于2的整合结果，意味着整合取得了质变和突破，取得了显著的成绩和实效，是一种超越创新式的整合。从价值理论角度研判，第一种整合是负值的整合，第二种整合是减值的整合，第三种整合是等值的整合，第四种整合是超值的整合。教育所追求的整体优化的整合，应当是1+1＞2的超值整合。

4.综合性

综合性是教育整合的手段特征。相对于分析而言，综合是在分析、比较、归类等思维过程的基础上，将事物的各个部分有机地联结到一起，从整体上把握事物的思维过程。综合是将联系的事物整合为一体的手段，两种不同的事物不论其联系多么紧密，都不会自动地结合在一起，生成新的事物，而是需要外在综合的促成，需要手段的焊接。手段是确立目的的方法、介质和工具，是实现目的的策略。教育的整合需要综合手段的"给力"。

以课程整合为例，整合要建立在对课程性质的分析、课程内容的比较、课程门类的归并基础上。如将种植专业的植物学、植物生理学、土壤学、农业气象学、肥料学五门课程整合成植物生长与环境，就是以综合为手段，实现对课程的成功整合。需要强调的是，在整合过程中应处理好手段的运用与目的的关系，教育的整合必须高度重视综合手段，并在整合实践中注意这一手段与整合目的的统一。

二、教育管理体系

（一）教育管理的目标

使某种预先设定好的目标得以实现是一切活动和工作管理的最终目的。要想使管理效能得到提高，必须有明确的目标。学校的管理者只有对教育管理目标进行正确认识并正确制定，才能有效地进行管理工作。

教育管理目标是学校管理活动在一定时期内所要达到的目的和结果。各级管理者在管理学校的过程中，依据教育的发展规律和学校实际，遵循科学的管理原则，运用先进的管理手段，对学校的人力、物力、财力、时间、信息等进行有效的管理，使之发挥最大效益，从而全面地、完善地实现教育目标。管理目标除了具备一般目标的特性外，还具有系统性、竞争性、适应性和科学性等特征。学校内各单位和部门的成员应以一致的步调协同合作，只有这样，学校的教学目标才能得以实现，因此，学校管理工作需要拥有一致的总目标。在学校总目标的基础上，各单位和部门要制定自己的具体目标，形成院校目标管理系统。

学校的各种工作，归纳起来包括两个方面，即教育工作和管理工作。在学校的目标系统中，教育目标与管理目标是既有区别又有联系的两个方面。它们是相互依存、相互作用、相辅相成的。教育目标是制定管理目标的前提和依据，管理目标为实现教育目标服务；教育目标的实现，必须以管理目标的实现为条件。因此，确定教育管理目标必须根据教育方针和战略目标、学校的教育目标及主客观条件，使管理目标既符合教育规律，又符合管理的一般原理。

1.管理目标制定

教育管理目标的制定主要包括以下三个方面。

（1）教育管理目标制定的依据。教育管理工作的首要任务是提出和制定管理目标，这是整个管理活动的关键。使管理目标科学合理的主要依据包括以下三个方面。

第一，科学理论。教育管理是以多种科学理论的运用为基础的。科学理论是客观事物的本质及其规律的正确反映，因此制定管理目标，必须以反映客观规律的有关科学理论为依据。教育管理是将管理科学应用于教育领域，在制定管理目标时必须以管理科学理论为指导。同时研究教育与当前经济关系的科学理论，还要遵循教育学、心理学等科学理论。

第二，实际条件。目标既要指向未来，又要立足于现实。制定目标要坚持实事求是，从现有的主客观实际条件出发。教育管理目标，只有立足现实、面向未来，才具有指向和推动作用，才具有可行性。同时目标不能过高或过低，以经过管理者和组织成员的努力能达到为原则。因此，在制定目标时，要做好两方面的工作：一方面要客观地总结过去的工作，哪些工作做到怎样的程度，有哪些经验，哪些工作有薄弱环节，差距有多大，有怎样的教训；另一方面要认真调查研究，科学地分析学校人力、物力、财力等现实条件和有关制约因素，充分利用有利条件，发扬优势，扬长补短。

第三，未来预测。目标是指向未来的，掌握了事物发展的动向，就能使目标具有预见性。因此，教育管理目标的制定，必须建立在对未来情况科学预测的基础上。管理人员要经常调查研究，亲自掌握和分析各种信息、情报资料，并以此预测未来的发展趋势。预测已经发展成为一门专业学科，管理人员需要研究和运用各种有效的预测方法和技术，以便为制定目标提供支持。只凭个人印象，不做科学预测提出的目标，对管理实践往往不会产生显著的指导意义。

（2）教育管理目标制定的要求。制定管理目标，就是确定使用怎样的方法达到何种目的。一般而言，管理目标应符合以下要求。

第一，管理目标应具有关键性。教育工作千头万绪，管理者应当运用预测和决策技术，在众多复杂的工作中，抓住最重要、最关键的工作，制定关键性管理目标。关键性管理目标应是为开拓今后的工作新成就而设置的战略性目标；应是重点任务，而不应面面俱到；应体现为教学服务，以教学为中心；应是本级决策的事情，而不是下级的事情。

第二，管理目标应具有可行性。可行性是指所定目标的达成条件是基本具备的，经过努力可以如期实现的。制定目标，必须充分考虑到本单位的客观条件、群众基础等情况，充分估计可能遇到的困难和制约因素。不可能实现的目标不如没有。因为这种目标不但不能鼓舞人，而且容易挫伤人的积极性。科学的管理目标是先进性和可行性的统一，是尽力而为和量力而行的有机结合，目标高度适宜，达到目标的难易适中。

第三，管理目标应具有先进性。管理目标是人们为之奋斗的方向，因此，必须具有先进性。所谓先进性，就是制定目标的起点要高一些，目标值具有吸引力和感召力，能调动人们的积极性，充分挖掘潜力，为实现目标而奋斗。

第四，管理目标应具有具体性。作为管理工作的方向，管理目标必须明确具体，不能抽象空洞、模糊不清。在含义上只能有一种理解，不能有多种解释，使执行者有明确的概念；在内容上必须具体，对人们的工作结果有明确的标准和规格要求，了解目标的本质特性和在目标体系中的具体位置。

第五，管理目标应具有时限性。所谓时限性，就是达到目标要有明确的时限要求，到了规定的时限，就要及时检查、评估、奖惩。

（3）教育管理目标制定的内容。教育管理目标的内容，就是学校的教育效益在一定时期内所要达到的标准和规格。学校的教育效益，包括社会效益和经济效益，标准和规格是通过学校的教育活动反映的，具体体现在教育资源的使用及培养人才的数量和质量方面。教育管理一方面要采用合理、经济的方法和途径，尽量减少对人力、物力、财力的浪费和消耗，提高教育投资的使用效率；另一方面要确保所培养人才的数量和质量。具体而言，管理目标的基本内容包括以下三个方面。

第一，提高学生的素质。思想工作是学校完成一切工作的重要保证，是坚持办学方向的显著标志。学校担负着培养专门人才的重要任务，为实现培养目标，必须切实加强和改进思想教育，探索和掌握新时期思想工作的特点和规律，进行有效的科学管理，把思想工作提高到一个新水平。

第二，提高教学质量。提高教学质量是教育管理的核心内容。教学质量管理应采用科学的手段和方法，对教学过程进行全面设计、组织实施、检查分析，以确保在教学过程中能够达到预期效果。提高教学质量必须着眼全局，从整体上处理好教学过程中的各种问题；使学生成为德、智、体全面发展的合格人才；紧紧围绕教学，尤其是实践教学，抓好科学研究工作；加强对全体教职员工的培养，提高他们的素质和业务能力，通过他们的模范工作和表率作用来教育和影响学生；注意研究和改革教学制度、招生、教学大纲、教材、教学方法、教学过程等各个环节。

第三，提高服务质量。学校的教学和后勤保障工作必须以教学为中心，明确树立为教学服务的理念，充分调动管理人员和保障人员的积极性，贯彻勤俭办校的原则。充分发挥现有设备、仪器、物资、财力的作用，健全服务保障制度，实施科学管理，提高保障能力。

2.管理目标实施

教育管理目标制定以后，就要运用目标进行管理，管理者必须把目标的确定与达到目标所进行的一系列管理活动有机结合起来。管理目标的实施主要包括以下两方面。

（1）教育管理目标实施的环节。主要包括以下方面。

第一，客观地衡量目标成效的数量标准。运用目标进行管理的实质，在于把确定目标与实现目标有机地结合起来。在这个过程中，对每个部门、个人的评价，一定要与他们实现目标的实际成效联系起来。数量标准主要包括以下两方面。

一是明确具体的目标标准，这个标准是衡量管理目标内容的尺度，如教案书写质量高的标准，为教学第一线服务好的标准，机关为基层服务好的标准，等等。

二是目标标准要定量化、指标化、等级化。目标标准要尽量做到定量化、指标化、等级化。但是，有些工作的质量如何，往往难以量化，还有些目标不能用数量表示。例如，提高学生的思想觉悟，加强精神文明建设等，很难用数量衡量，因此应尽量使含义具体化。在评定时，要充分发挥集体评定、专家评定和群众评定的作用，力求全面、准确、客观地看问题。

第二，形成整体合一的工作目标。学校各层次、各部门的目标能否做到整体合一是能否提高管理成效的关键。学校各层次、各部门要形成整体合一的目标，除了用整体思想教育全体人员外，管理者还要加强以下两方面的工作。一是在确定总体决策目标时，尽量纳入相关部门的成员参与，让成员参与会提高成员的热情，这样制定的整体目标更容易得到认可，更有群众基础，而且能有效地确定各层次、各部门的责任，并以此作为推动工作，衡量评价成绩、贡献大小的尺度。二是在制定目标时，要明确三项内容：①应该做什么，达到什么要求；②应该在什么范围、什么时间进行；③应该怎样衡量、评价目标的成效。这样制定的目标，就能做到整体合一，上下协调，要求明确，责任清楚，全体形成合力，取得良好管理成效。

第三，注重数量统计和数据分析。在运用目标进行管理的过程中，必须真实地、适时地做好数据统计和数据分析。因为通过数据的定量分析，可以客观地指出工作质量上的差异，找出问题和原因。这项工作的基本要求主要包括以下四个方面。

一是充分利用统计数字。统计数字是统计分析的基础，在整个分析过程中要自始至终利用统计数字说话。

二是采用科学的分析方法。数量统计分析的目的，是发现问题、揭露矛盾、分析原因、研究规律，如何科学地利用统计数字进行分析是一个值得探讨的问题。用统计数字分析研究的方法有很多，如对比分析法、分组分析法、联系分析法、结构分析法、动态分析法等。管理者可根据问题的性质采用适合的分析方法。

三是注意可比性。可比性是指用来对比的两个统计指标是否符合所研究任务的要求，对比是否合理，对比的结果能否说明问题。首先，对比同名指标的口径范围、计算方法、计量单位必须一致；其次，对比指标的性质必须一致；最后，对比指标的类型必须一致。当然，在有些情况下，两个指标虽不可比，但经过调整和处理后，仍然有可比的意义。

四是统计分析要与具体情况相结合。统计分析的目的在于解决实际问题。进行数据分析，除了掌握必要的统计数字之外，还须掌握必要的业务情况。只有将数字分析与具体情况紧密结合起来，才能真正揭示事物的本质和特征。

（2）教育管理目标实施的方式。教育管理目标的制定，仅仅是管理活动的开始。有了正确的目标，就要努力实现，否则再好的管理目标也没有实际意义。实现管理目标的基本方式包括计划管理和目标管理。管理者可根据学校的具体情况，采用其中的一种方式，或兼用两种方式。

第一，计划管理方式。计划管理是指管理者以制订计划和实现计划为手段达到管理目的的一种管理方式。计划管理的做法大体上分为以下四步。

一是制订计划。制订计划要考虑三个方面的问题：①计划的各项指标要能反映和体现总目标的要求；②要预测在实现计划指标的过程中可能出现哪些因素的影响，其中包括内部因素和外部因素、有利因素和不利因素；③根据现有条件和未来发展，提出达到目标的具体措施和步骤。

二是实施计划。管理者通过组织、指导、协调和教育激励等活动落实计划。

三是检查。检查既是掌握计划落实情况，又是对计划正确性的检验，以便及时发现问题、解决问题。

四是总结。总结是对该计划管理过程进行评估，寻找经验教训，制定改进措施，并将反馈应用于下一个计划管理过程。计划管理适用于外部干扰较小，内部抗干扰能力较强，工作程序比较稳定的工作系统。教学工作管理、思想教育工作管理等，多采用计划管理。

第二，目标管理方式。目标管理是管理者以确定目标和实现目标为手段，达到管理目的的一种管理方式，它以制定目标作为管理工作的起点；然后建立整体合一的目标体系；在实现目标的过程中，以目标为准绳，协调各层次各部门的关系；最后以目标来评估结果。它是一种民主的、科学的管理方法，特别适用于对管理人员的管理，被称为"管理中的管理"。

目标管理一般分为以下四个步骤。①制定总的目标。②分解目标，根据已确定的学校总目标，层层分解，落实到各个部门和每个成员，形成目标体系。③实现目标，放手让各个组织和成员发挥自己的才智，主动达到目标。上级虽然检查指导下级的工作，但不干涉下级的具体活动。④结果评估，对达到的结果进行分析、评议。

（二）教育管理的内容

教育是一个庞大的系统，工作复杂、具体，机构门类齐全，其管理的内容也极为复杂。教育管理的内容包括以下六个方面。

第一，教育思想。端正教职工的思想是教育思想管理的重要职责。应当树立全面提高教学质量，全面贯彻教育方针，管理、服务和教书育人思想。此外，还要树立现代化建设思想。

第二，教育要素。教育的内部构成并不是单一要素，而是包括教材、学生、教师和教学设备等诸多要素。个体的优化是事物整体优化的前提。因此，教育要素管理必须优化教育的各个要素。构成要素质量的高低往往能够决定教育工作的成败，对教育管理十分重要。

第三，教育事务。教育事务管理的范畴比较常规，对现代化、标准化和规范化方面有一定的要求。教务处工作的强化是做好这项管理工作的基础。教务处能够对整个教学工作和行政工作进行评价、视导、调度、研究、参谋、指导和服务，是一个职能部门，所以，对于教育事务管理工作而言，加强教务处工作具有重要意义。

第四，教育设备。每一个设施都应能进行独立教育教学，如实验室能够为学生提供实验研究的场合，让学生结合学用，动手动脑；图书馆作为重要信息库，是学校的信息中心；以计算机为核心的线上教育，能够改变传统教学的面貌；语言教室属于第一代文科实验室，这些设施的整合体便是现代化教学。现代化和标准化是教育设备管理的需求。通过建设、应用和管理这些教育设备，使之成为推动传统教学改革的一项重要手段。"教学媒体与教学策略的设计，必须紧紧围绕着更好地实现教学目标来实现"①。

第五，教育质量。教育的管理是以教育质量的提高为出发点和归宿的。教育质量的提升是教育管理工作的最终目的。对于教育而言，质量就是生命，进行质量管理势在必行。教育质量管理就是在实施教学管理时，以抓质量为主要手段的管理。具体而言，质量管理包括质量的检查、确定、控制、评估和分析等内容，其中确定质量标准是一项难点。因为很难完全用数字来表现教育的质量，这是由其综合性和模糊性的特点所决定的。

---

① 肖彦臣. 浅谈现代教育技术 [J]. 价值工程，2012，31（15）：282.

所以，确定质量标准是教育质量管理实施的第一步；控制教育质量是第二步；评估教育质量是第三步。如果说管理教育质量的起点是质量标准的确立，那么使教育质量标准的实施得到保证就是质量控制的目的，质量评价是整体检验教育工作成果和过程质量的工具，能够对质量控制成效进行衡量。三者都能够直接促进教育质量的提升。

第六，教育环境。在教育管理中，教育环境是一个基本因素和重要课题。教育活动在一定的教育环境中进行。教育环境会影响教和学，并对教育活动的发展方向起引导作用，这种影响虽然有时比较隐蔽，但其重要性不可忽视。学校物质条件得益于科学技术和社会生产力的发展获得了巨大改善，在这样的社会背景下，教育环境也因社会信息量的膨胀而变得复杂，教育管理的重要性日益显现出来。所以，现代教育管理必须认真考虑如何正确认识教育中的教育环境对教学的促进作用，并思考如何创造有利的教育环境。

（三）教育管理的原则

要正确认识和看待教育的管理原则，并自觉遵守，只有这样才能提高管理能力、提升管理效果，促进教育更好地发展。教育管理原则在教育管理中发挥着重要作用，具体包括以下四个方面。

1.可变性原则

在教育管理中，要用发展和辩证的眼光来看待和处理事物，这就是可变性原则。通常我们把管理工作分成两种：常规管理和动态管理。无论进行哪种管理工作，都需要针对事物的过去、现在和未来进行详细分析，及时有效地对其进行控制和协调，使管理效率得到提升。

贯彻可变性原则要高度重视事物纵横两方面的联系，深入揭示事物状态和时间的关系。对于学校而言，其中心应当聚焦于教学，因此在教学计划的制订方面必须有一定的指令性。在制订教学计划时，需要研究的问题主要有以下两个。①计划中包含的各个部分之间的关系、目前的发展情况及未来可能发生的变化。例如，培养目标、教学实施的管理控制、教学的运行调度、教学质量管理的规定等，它们过去的情况、当下的发展变化情况，以及互相之间的关系和关联因素，这些内容我们都要进行掌握。②对与教学计划具有一定关联的各种因素进行了解，对可能影响计划正常进行的各种情况进行可变性预测，并制定相关的应对方案和措施。只有这样，教学计划才能满足实际需求，同时具备一定的应变性和弹性调整空间，在具体实施方面也会更加顺畅。对可变性原则进行贯彻实施，一定要以事物的发展规律为依据，循序渐进。

2.科学性原则

"科学性原则反映的是事物的客观规律，对科学性原则的遵循即是将主观与客观统一起来，遵循实践活动自身的特性和规律，这既是科学性原则的特征，也是它对实践活动的规约"[1]。在对教育进行管理时，我们一定要坚持一切从实际出发、实事求是。在进行工作时，应以教育的相关规律和管理原则为依据，确保各项工作的进行都符合其发展规律，从而使管理达到最佳水平。在教育管理中贯彻科学性原则，主要从以下三个方面着手。

（1）对于管理人员而言，科学素质是必须具备的。管理实际上是一门科学，要真正做好管理工作，必须具备一定的科学素质。①学习和掌握教育科学相关理论，充分了解教育的规律及学校管理工作的相关规律，只有这样才能提升管理人员的自觉性，在进行管理时才能够依照规律来办事，进一步提升其工作效率；②要学习与教育有关的科学管理理论，掌握科学管理的手段和方法。科学技术的发展十分迅速，管理的手段和方法也变得更加现代、科学，管理人员学习并熟练掌握这些手段和方法，可以帮助其更好地进行管理。

（2）在管理制度方面，要建立起严格、科学的制度。①要建立健全科学管理系统，如坚强有力的思想工作管理系统、科学高效的教学管理系统等，管理人员要把这些系统结合起来，提升管理工作的效率。②应建立健全科学的工作秩序，以提高工作效率，如通过使组织结构更合理、工作秩序更规范、职责分工更清晰、质量要求标准更高、常规事务处理制度性更强、信息反馈更灵敏等方式，确保各项工作能够顺利高效地完成，从而提高整体效率。

（3）建立健全教职工责任制度。对相关教职员工的职责范围进行规范划定，专人专项，做到每件事都能对应到人，每个人都能明确自己的职责，充分发挥个人的聪明才智，以取得更加优异的成绩。教职工责任制度能够顺利实行的前提是：①职责分明；②合理分工；③公平奖惩；④公正考评。

---

[1] 左蕾，朱强.科学性原则及其对成人教育管理的实践规约 [J].继续教育研究，2013（5）：33-34.

3.高效性原则

贯彻执行高效性原则，对管理人员提出了更高的要求，首先，管理人员需要明确和坚持正确的办学目标和办学方向，只有在保证目标和方向正确的基础上，才能提高工作效率。其次，管理人员需要科学合理地进行每一项决策，并在决策的实施过程中要恰当地进行指挥。

贯彻落实高效性原则，管理人员需要合理恰当地利用教育的管理资源。在进行智力开发及人才培养时，教育需要借助一些资源，这些资源既包括有形资源（如人力资源、物力资源、财力资源等），也包括一些动态资源（如对管理办法进行改革创新、对工作组织架构进行调整完善、对时间和信息资源进行高效利用等）。动态资源是潜在的资源，是无形的，要把有形资源和动态资源有机结合起来，进行合理利用，只有这样才能使学校教育在办学效益方面得到更大的提升和发展。

4.教育性原则

教育性原则是指教育管理工作不仅要通过管理完成一般的工作任务，而且要十分注意学校各项工作对学生的教育作用。学校是培养人才和教育个体的场所，青年学生具有较大的可塑性和强烈的模仿性。学校内的各种因素，包括全体人员、工作和环境、校园风貌等，都在时刻影响着学生。所以学校的全体教职人员和全部教学管理工作都应当始终贯彻教育性原则。教育性原则在学校教育管理工作中具体体现在以下三个方面。

（1）全体教职工都应十分注意自己思想行为的示范性。院长应是教职工的楷模，是学生学习的榜样；学校的其他领导干部和教职工都应具备高尚的道德品质和崇高的精神境界。具体表现为作风正派，待人诚恳、举止端庄、文明大方、衣冠整洁、谈吐文明、学风严谨、教书育人。

（2）要求学校设施规范化。一所学校校舍整洁、环境优美，使人心旷神怡、精神愉快，对优化教育教学环境，净化学生心灵，陶冶师生的思想情操，振奋精神，丰富生活情趣，有着重要的意义。优美舒适的环境有助于学生养成讲究卫生、爱护公物、遵守纪律等文明习惯。

（3）要求各项工作典范化。学校全体人员都应十分注意各项工作对学生的示范作用。各项工作都应严肃认真，一丝不苟；各种文件都应严谨准确；执行各种制度必须十分严格，不徇私情；理财用物，注意勤俭节约，不铺张浪费。总而言之，学校的各项工作都应力求影响学生，使之形成高尚的道德情操、严谨的学风和艰苦朴素的作风。

（四）教育管理的规律

教育管理工作是有规律可循的，只有遵循规律，按规律办事，才能提高管理水平，提高育人质量。为此，管理者需要认真学习、研究管理规律。教育管理的规律主要包括以下几个方面。

1.适应经济发展

教育是培养技术应用型人才的教育，它更适应社会政治、经济的发展。教育管理从管理的角度研究教育现象，管理工作必须与社会的进步、经济的发展相适应。教育管理工作与社会经济相适应主要体现在以下两个方面。

（1）教育发展的规模和速度必须与社会发展、经济增长相适应。教育的发展需要相应的人力、物力和财力的支持。因此学校的数量、专业设置、招生规模及学制长度等，必须与当地生产力发展水平所能提供的物质条件相适应。

（2）教育培养人才的规格和数量必须与经济增长相适应。学校是培养人才的阵地，培养怎样的人，培养多少人，一定程度上受经济的制约。教育具有明显的地方特点，应根据当地的生产力发展水平，建设的地方特色和客观情况，以及未来发展的趋向，科学地进行人才需求预测，然后做出合理安排。

2.教师的主导作用

在培养人的教育和教学活动中，教师应起主导作用。所以，教师是学校的主力军，是办学的主要依靠对象。教学工作必须依赖教师，是由教师的职责和作用决定的。在教育管理工作中依靠教师，应当做到以下三个方面。

（1）对教师充分信任、真心依靠。①教育管理者应从行动上把教师作为学校的主力军，并在工作上依靠他们。凡属学校教育、教学工作中的重大事情，都应虚心听取教师意见，然后再做决定。对教师提出的好的意见和建议，领导采纳后应给予适当的表彰。②管理者应以平等的态度与教师交心、谈心。只有充分信任教师，真正依靠教师办学，才能使教师更好地把他们的知识和才华奉献给教育事业。

（2）尊重教师，合理安排教师。在学校里，要尊重知识、尊重人才，就要充分尊重教师，合理安排教师，做到量才使用，用其所长。学校的各科教师，经过多年培养与教育，蕴藏着极高的工作热情和积极性，学校领导如果充分尊重他们，知人善任，就能最大限度调动他们的工作积极性。

（3）关心教师，满足教师的合理需求。管理者应认真了解教师的需求，在政策允许的情况下，主动、积极地满足教师的合理需求，以便更好地调动教师的积极性。主要体现在以下三个方面：①满足工作上的需求，要根据教师特长，合理安排工作，提供必要的工作条件，允许教师工作上有一定的自主权；②满足生活上的需求，如住房，夫妻两地分居，子女入托、入学等，这些问题解决不好，也会影响他们的积极性；③满足业务进修提高的需求，教师上进心强，愿意不断提高业务，这对教师个人和学校工作都是非常有益的。管理者应根据教师的个人情况和学校工作实际，努力创造条件，满足他们的合理需求。

3.有序运动

教育各项管理工作的具体任务、目标、进程等都不相同，管理过程的具体内容也有所差别。例如，教学管理过程要对教学工作进行计划、组织等，思想工作的管理过程要对思想工作进行计划、组织等。但各项工作的管理过程，除了其具体内容的差别外，也有共同的特点，即都有计划、实施、检查、评价、总结五个基本环节，都是按计划—实施—检查—评价—总结的顺序连续运动的。有了计划就必须实施，实施了就要进行检查，检查了就要进行评价，最后要有总结。这种先后顺序，不是人们主观随意的安排，而是对管理工作客观规律的反映，是一种前后相关联的基本环节的有机组合，它要求人们在进行管理活动时，必须按照上述五个环节的顺序实施工作，不能破坏或颠倒。换言之，教育的管理过程，是一个由有先后顺序、相互关联的五个基本环节构成的有秩序的运动过程。

教育管理的每一个过程，都是从计划开始，经过实施、检查、评价，到总结为止的一个管理活动周期。管理工作也按这五个环节的顺序周而复始地不断循环。但这种循环并不是机械地重复，不是维持在原有水平上的转动。因为每一循环都是在前一循环的基础上进行的，每一循环不仅在时间和空间上有秩序，而且在质量上不断由低级结构向较高级结构转变，起点提高了，向前就有新的推进。管理过程的每一次循环，都使管理工作提高到了一个新的高度，这就是滚动式发展，也是有序运动的规律。

4.坚持以教学为中心

我国教育规模每年都在蓬勃发展，这样的发展趋势，对实现我国高等教育大众化起到了积极的作用。对于学校而言，教育的生命线是特色加质量。学校的工作中心是教学，只有教学有为才能使教育具有影响力，要通过转变教育观念，确立正确的人生观、质量观和教学观，培养能在生产、建设、管理、服务第一线工作的技术应用型人才。教育管理工作坚持以教学为中心的规律，应该做到以下四个方面。

（1）学校管理人员，要把主要精力和时间用于抓教学工作，建立与维护学校正常的教学秩序，深入教学第一线，了解教学实际，参加教学活动，指导教学工作。

（2）在人员的配备和选拔上，满足教学人员的需求，选择配备合格的教师；在物质条件上，支持教学，保证教学工作的需要。

（3）教育和组织学校各部门、各方面的人员，树立以教学为中心的思想，强化以教学为中心的理念，自觉、主动地为教学服务，使全校各项工作紧密围绕教学这个中心来开展。

（4）要求教师严格执行教学计划、教学大纲，认真钻研教科书，努力搞好教学工作。主管教学的领导要认真进行教学评估和检查，不断提高教学质量。

5.促进学生全面发展

促进学生全面发展，是国家对教育工作的基本要求，也是教育管理的基本规律。学生的全面发展包括德、智、体、美、劳的发展和综合职业能力的提高。在教育管理工作中可以采取以下措施促进学生全面发展。

（1）管理者应教育全校教职工树立全面育人的观念，在统一认识的基础上，协调一致，分工合作，促进学生德、智、体、美、劳全面发展。学校对于受教育者而言是一个整体，其任务就是培养全面发展的人才。所以，学校的各个部门、各项工作，都必须立足于全面培养学生，保证培养出适应社会需要的合格人才。

（2）管理者必须牢固树立德育、智育、体育、美育、劳动教育全面发展的理念，正确处理"五育"的辩证关系。"五育"是相互联系、相互渗透、相互促进、相互制约的辩证关系。概括而言，德育是方向。德育的任务是培养学生具有坚定正确的方向，全心全意地为经济和社会建设服务。智育是中心，是关键。因为无论是德育还是体育，没有文化科学知识做基础都不可能顺利进行。社会和经济越向前发展，对劳动者的素质要求就越高。劳动者的素质越高，社会生产力水平也就越高。体育是机体保障。体育可以增强学生体质，提升学生身心素质。美育是将德、智、体充分展现和运用的主要途径，具有升华作用。美育具有启智的功能，并且能陶冶情操、完善品德。劳动教育是将德、智、体、美充分展现和运用的主要途径。教育管理者必须坚持德、智、体、美、劳全面发展，关心学生健康，重视学生体育锻炼，养成良好的卫生习惯，保持和发展学生的健康体魄。

（3）管理者应教育全校教职工培养学生的综合职业能力。教育要培养与我国现代化要求相适应的，具有综合职业能力和全面素质的，直接从事生产、服务、技术和管理第一线工作的技术应用型人才。因此，教育的管理者要着眼于未来，教育全校教职工培养志向高远、素质良好、基础扎实、技能熟练、特长明显、个性优化的学生，并使他们具有远大的职业理想、深厚的职业情感、高尚的职业道德、扎实的职业知识、较强的职业能力、自觉的职业纪律、熟练的职业技能、良好的职业习惯，以及忠于职守的敬业意识、开拓进取的创业精神。

第三节　现代教学设计的理论支撑

现代教学设计作为教育领域的一个关键方面，其理论支撑对于确保教育教学的有效性和质量至关重要。现代教学设计涉及多个层面，在当前社会发展和职业需求的背景下，现代教学设计理论的不断深化与创新对于培养具有实际能力和应用型技能的专业人才具有重要意义。现代教学设计的理论支撑主要包括以下三个方面。

一、构建学科体系

构建学科体系的理论主张通过系统、科学地组织各门课程，形成紧密相连的学科体系，确保教学内容的合理性和有机性。构建学科体系的理论不仅强调知识的传递，更注重知识的整合和应用。"教学是有目的、有组织的活动，任何教学活动都必须在一定的组织形式中进行"①。在现代教学设计中，培养学生的实际能力和解决问题的能力是至关重要的。因此，构建学科体系的理论支撑在教学设计中具有重要地位。一方面，知识融合理论认为，不同学科之间存在着紧密的关联性，应该通过跨学科的融合来促进学科知识的交叉应用。在教学设计中，通过引入跨学科的课程设置和项目实践，促使学生更全面地理解和应用所学知识，培养他们在跨领域合作中的综合素养。另一方面，问题驱动理论主张在教学设计中，将实际问题作为学科内容的出发点，通过解决问题的过程来推动学生的学习。在教育中，问题驱动的理论支撑可以帮助学生更好地理解专业知识，并培养他们解决实际问题的能力。通过将真实场景融入教学过程，学生能够更好地理解专业知识在实际工作中的应用，有利于提高他们的综合素养。

二、建构教育技术

随着科技的不断发展，教育技术在教学设计中的应用越来越受重视。在教育技术的理论支撑下，教学设计能够更好地适应现代学生的学习需求，提高教学效果。教育技术的理论支撑主要包括以下方面。

第一，混合式教学理论。混合式教学理论主张将传统教学与在线教学相结合，充分利用教育技术手段来提高教学效果。在教育中，混合式教学通过将实验课程、实训环节等纳入在线平台，可以实现时间和空间上的灵活组织，提高学生的学习参与度和实践能力。

第二，个性化教学理论。个性化教学理论强调在教学设计中考虑到每个学生的差异性，根据其学习特点和需求提供定制化的教学方案。在教学设计中，个性化教学可以通过引入在线学习平台、智能教学系统等技术手段来实现。通过对学生学习数据的分析，教师可以更好地了解学生的学习状态，并为其提供个性化的学习支持。

第三，游戏化教学理论。游戏化教学理论认为通过引入游戏元素，可以增强学生的学习动机和积极性。在教学规划中，可以采用教育游戏和模拟实训等方法，为学生营造轻松愉快的学习氛围，以提升他们的学习效果，这一理论支持有助于激发学生对学习的兴趣。

---

① 李纪伟. 数学教学的组织 [J]. 新课程（教育学术），2012（4）：74.

三、强化实践教学

教学的本质是培养学生的实际操作能力，因此强化实践教学尤为重要。实践教学的理论支撑包括对实践教学目标、方法和评价体系的深刻认识，以及对实践教学与理论教学的有机结合的理论探讨。

在实践教学目标方面，理论支撑主张明确实践教学的具体目标，使其与专业要求和职业需求相契合。一种重要的理论是能力导向理论，即强调实践教学应注重培养学生的实际操作能力和解决实际问题的能力。在教学的规划中，通过明确实践教学目标，有助于引导教学活动的策划和执行，确保学生在实际操作中能够获取必要的技能和经验。理论支撑着重于问题导向和项目驱动等理论。问题导向理论认为通过让学生解决实际问题，可以促使他们运用所学知识进行实际操作，培养其问题解决能力。项目驱动理论主张通过设计实际的项目任务，激发学生的合作意识和实践动力，以促使他们在团队合作中积累实际经验。

传统的考试评价方式可能难以全面反映学生的实际能力和应用水平。因此，一种重要的理论是综合评价理论，其强调通过综合考查学生在实践项目中的表现、实际操作能力以及团队协作等方面的表现来评价其综合素养，这种评价方式更符合现代教育教学的实际需求，能够更好地反映学生的综合能力。

总而言之，现代教学设计的理论支撑涵盖了构建学科体系、建构教育技术以及强化实践教学等多个方面，这些理论不仅为现代教学提供了指导原则，更为实际教育实践中的创新和发展提供了理论基础。在适应社会发展和职业需求的同时，现代教学设计需要不断吸收和整合新的理论成果，推动教育不断进步。

第四节　教学设计的过程及其模式

一、教学设计的过程

教学设计是教育领域的一项关键工作，它直接影响学生的学习效果和职业素养。教学设计的过程不仅是一个简单的计划制订过程，更是一项系统性的工程，主要包括以下五个方面。

（一）教学目标设定

教学设计的第一步是明确教学目标。教学目标是整个教学设计的核心，它直接关系到学生在学习过程中所能获得的知识、技能和素养。在教学目标的设定阶段，教师需认真分析课程的性质和学生需求，明确教学目标，这些目标应当具备可测量性、可达成性，并符合学科特点和学生实际水平。具体来说，分为以下四个方面。

第一，目标明确性。在设定教学目标时，教师应当明确目标的具体内容和要求，包括确定学生所需掌握的知识点、技能要求及对职业素养的培养目标等。通过对目标的清晰定义，使教学过程更具有针对性，确保学生能够达到预期的学习效果。

第二，可达成性。目标的设定应当符合学生的实际水平和能力，以保证学生在一定时间内能够完成。过高或过低的目标都会影响教学效果，因此教师需要根据学科和学生的特点，合理设定目标，确保学生能够在规定时间内完成。

第三，可测量性。教学目标的可测量性是评价目标达成程度的重要标准。教师需要设计明确的评价标准和测量方法，以便在教学结束时能够客观地评估学生的学习成果。例如，通过考试、作业、项目展示等多种方式对学生的知识、技能和素养进行全面评估。

第四，与职业需求的契合性。教育的目标是培养具备一定职业素养的专业人才，因此教学目标应当与职业需求相契合。在设定目标的阶段，教师应深入了解相关行业的发展趋势和用人需求，以确保教学目标能够切实满足学生未来就业的实际需求。

（二）教学策略选择

目标设定完成后，教学策略的选择成为教学设计的关键环节。教学策略涉及教学方法、教材选择、教学手段、问题导向四个方面，直接影响教学过程的效果和学生的学习体验。

第一，教学方法的选择。教学设计需要根据不同的课程性质和学科特点选择合适的教学方法。传统的讲授法、案例分析法、项目驱动法等不同的教学方法都有其适用的场景。教师应根据教学内容和学生的学习特征，选择适宜的教学方法，以达到提高教学效果的目的。

第二，教材的选择。教材是教学设计中不可或缺的一部分，教材的选择关系到教学内容的质量和学生的学习效果。教师需要根据教学目标和学科要求选择与之相适应的教材，并对教材进行合理的调整和补充，以满足教学的实际需求。

第三，多媒体教学手段的运用。随着科技的发展，多媒体教学在教学设计中的应用越来越重要。教师可以借助多媒体技术，通过图像、音频、视频等多种形式呈现教学内容，提高学生的学习兴趣和学习效果。因此在教学策略选择阶段，教师要巧妙运用多媒体教学手段，使教学更富有吸引力和互动性。

第四，问题导向的教学。问题导向的教学是一种注重学生参与和思考的教学策略。在教学设计中，教师可以通过提出问题、引导讨论等方式，激发学生的思维，培养他们解决实际问题的能力。以问题为导向的教学方式不仅能够激发学生的学习主动性，而且有助于培养其团队合作和创新能力。

（三）教学资源准备

教学资源准备是教学设计中的一项重要任务，教学资源的充分准备直接关系到教学过程的顺利进行和学生学习的质量。在这个阶段，教师应当考虑有关教学场地、教学材料、教学设备、师资力量等方面的资源，同时做好充分的准备工作。

第一，教学场地的选择与布置。教学场地的选择与布置是教学资源准备的首要任务。教室的大小、座位的布局、设备的摆放等都会影响教学的进行和学生的学习体验。教师需要根据教学内容和教学方法选择合适的教室，并合理布置场地，为学生提供良好的学习环境。

第二，教学材料的整理与制作。教学材料是教学设计的重要组成部分。教师需要根据教学内容，整理和制作相关的教学材料，包括课件、案例分析、实验指导书等。通过精心地准备教学材料，可以提高教师的教学效果和学生的学习兴趣。

第三，教学设备的准备。不同的教学方法和教学内容需要不同教学设备的支持。在教学设备准备阶段，教师需要检查教学设备是否完好，确保各种设备都能够正常运作。与此同时，还要根据教学需要预先准备可能用到的教学工具，以保障教学过程顺利进行。

第四，师资力量的培训与提升。在教学资源准备阶段，师资力量需要得到充分的培训和提升。教师应当不断更新教学理念，了解最新的教学方法和技术，不断提高自身的教学水平。通过参与培训课程、学术研讨会等活动，教师能够拓宽视野，持续提高专业素养。

（四）教学实施过程

教学实施过程是教学设计的核心阶段，也是教师通过各种教学手段实现教学目标的阶段。在这个阶段，教师需要灵活运用各种教学方法，注重学生的参与和互动，使教学过程更加生动和有效。具体包括以下几个方面。

第一，灵活运用教学方法。在教学实施过程中，教师需要灵活运用不同的教学方法。基于教学内容和学生学习特点，可以采用讲授法、讨论法、实验法、案例分析法等多种教学方法，以实现教学的全面性和多样性。

第二，学生的参与与互动。学生的参与与互动是教学实施过程中至关重要的环节。教师应当鼓励学生提出问题、发表观点，通过小组讨论、互动等方式增强学生的参与感提升学习动力。通过与学生的良好互动，教师可以更好地了解学生的学习情况，及时调整教学策略。

第三，群体合作与团队建设。在教学实施过程中，教师可以通过组织群体合作和团队建设活动，培养学生的团队协作和沟通能力。通过分工合作、共同完成项目任务等方式，提高学生的团队协作意识，为其未来的职业发展打下坚实基础。

第四，实践操作与案例分析。教育教学设计应注重实践操作与案例分析，因此在教学实施过程中，教师需要通过实际操作、实验实践等方式，让学生将理论知识应用到实际当中。同时，通过对真实案例进行分析，培养学生解决实际问题的能力，提高他们的实际应用技能。

（五）教学评价反馈

教学评价反馈是教学设计的最后一个环节，通过对学生学习效果的评估，教师可以总结教学经验，为今后的教学工作提供参考。在教学评价反馈阶段，教师应当从多个方面对教学效果进行全面评估。具体包括以下四个方面。

第一，学生的学业成绩评价。学业成绩评价是评价反馈的重要方面，教师可以通过考试、作业、实践操作等方式，对学生的学习成绩进行评价。通过定期的成绩反馈，学生可以了解自己的学业水平，教师也可以及时发现学生的学习问题，从而进行有针对性的指导。

第二，学生的反馈与问卷调查。学生的反馈是教学评价教学效果的重要依据。教师可以通过组织学生进行反馈讨论，收集学生对教学内容、教学方法、教师表现等方面的意见和建议。另外，教师还可以采用问卷调查的方式，匿名收集学生的意见，以了解他们对教学的满意度和提出的改进建议。

第三，教学过程的自我反思。教师在教学评价反馈阶段需要进行自我反思，总结教学过程中的亮点和不足。通过反思，教师可以深入思考教学方法的效果、教学资源的充分利用、学生参与度等方面的问题，为未来的教学提供经验和启示，实现持续改进。

第四，教学团队的交流与合作。在教学设计中，教学团队的交流与合作是教学评价反馈的一个重要环节。教师可以与同事分享教学经验，交流教学方法，共同研究教学问题。通过团队合作，教师可以共同提升教学水平，共同推动教育的发展。

总而言之，教学设计是一项系统性的工程，包括教学目标设定、教学策略选择、教学资源准备、教学实施过程和教学评价反馈等多个环节。每个环节都有其独特的要点和关键，需要教师在实践中不断摸索和改进。通过科学合理的教学设计，可以提高教育的质量，培养更符合职业需求的专业人才。

二、教学设计的模式

教育是中国教育体系的一个重要组成部分，其教学目标是培养具备一定实际操作能力和职业素养的应用型人才。而教学设计作为培养这类人才的关键环节，其模式的选择和构建直接影响教学质量和学生综合素质。教学设计的模式主要包括以下四个方面。

（一）问题导向模式

教学的问题导向模式是一种以问题为核心的教学方法，旨在通过引导学生解决实际问题，培养其综合应用知识和解决问题的能力，这一模式在教学设计中得到了广泛应用，并在提高教学质量、促进学生创新思维和实践能力等方面取得了显著成果。

问题导向模式的核心理念在于将问题置于教学的中心位置，通过学生参与问题解决的过程，达到将传授知识与培养能力相结合的目的。在教育教学设计中，采用问题导向模式更符合行业需求，让学生在解决实际问题的过程中积累更丰富的实践经验。与传统的教学模式相比，问题导向模式更注重培养学生的实际操作能力和团队协作精神，使其具备更强的实际应用能力。

1.问题导向模式的作用

（1）教学的问题导向模式具有明显的实践性。通过将实际问题引入教学过程，学生在解决问题的实践中可以学到更多的知识和技能，有助于打破传统课堂教学的局限，使学生能够更好地适应未来工作的需要。例如，工程技术、医学护理等专业，通过问题导向模式使学生在模拟实际工作场景中进行操作和应用，提高学生的实际操作技能。

（2）问题导向模式有助于培养学生的创新思维。在解决实际问题的过程中，学生需要综合运用所学知识，并提出创新性的解决方案，这种锻炼有助于培养学生的创新精神和独立思考能力，使其在未来的职业生涯中更具竞争力。在信息化时代，培养高素质人才的关键在于创新思维，问题导向模式则是有效培养创新思维的一种途径。

（3）问题导向模式有助于提高学生的团队协作能力。在解决实际问题的过程中，学生往往需要与同学合作，共同思考和解决问题，这种合作模式有助于培养学生的团队协作精神、沟通能力和领导才能，提高其在团队中的综合素质。在职场中，团队协作是至关重要的能力，而问题导向模式为学生提供了锻炼这一能力的机会。

2.问题导向模式的挑战与对策

然而，教学的问题导向模式在实践中也面临一些挑战和问题，具体表现在以下三个方面。

（1）教师在实施问题导向教学时需要具备更多的教学设计和组织能力。问题导向模式要求教师灵活运用各种教学手段，设计富有挑战性的问题，并引导学生进行深入思考，这对教师的教学水平和能力提出了更高的要求。

（2）学生在问题导向模式下需要具备一定的自主学习能力。相比传统的教学模式，问题导向模式更加注重学生的主动参与和自主学习。在这种模式下，学生需要主动提出问题、主动寻找解决方案，并在团队协作中完成任务，这对学生的学习态度和学习习惯提出了更高的要求。

（3）问题导向模式在评价体系上需要进行相应的调整。传统的考试评价方式难以全面评价学生在问题解决过程中的综合能力，因此需要设计更加灵活、多样化的评价方式，如项目评估、实际操作考核等，以更好地反映学生的实际水平。

为了解决上述问题，教学可以采取以下措施。首先，提高教师的培训水平，加强其教学设计和组织能力的培养。这是因为教师在问题导向的教学中扮演着引导者和组织者的角色，其专业素养和教学能力直接影响教学效果。其次，加强学生的学习能力培养，引导其形成积极的学习态度和主动的学习习惯。学校可设立专门的学习能力培训课程，协助学生提升问题提出和解决的能力，培养他们自主学习的能力。最后，调整评价体系，建立符合问题导向模式的评价标准。除了传统的考试评价外，还可以引入项目评估、实际操作考核等多样化的评价方式，更全面地评价学生在问题解决中的表现。

总而言之，教学的问题导向模式是一种有力的教学手段，有助于培养学生的实践能力、创新思维和团队协作能力。但这一模式在实践中仍然存在一些问题需要解决。通过提高教师培训水平、强化学生学习能力培养及调整评价体系，可以更好地发挥问题导向模式的优势，推动教学设计向着更加科学、创新和实用的方向迈进。

（二）案例教学模式

案例教学模式是一种通过真实案例进行教学的模式，其核心是通过分析和解决真实案例来培养学生的问题解决能力和实际操作能力。案例教学模式是一种注重实践、强调问题解决和能力培养的教学方法，这一模式通过引入实际案例，使学生在课堂中能够更加贴近实际情境，通过解决实际问题提高他们的实际操作能力和综合素质。实施案例教学模式，教师需要具备一定的案例设计和组织能力，同时对学科知识要有深刻的理解，以达到培养学生实际应用能力的目标。

第一，案例教学模式的核心在于引入真实案例，以帮助学生理解并解决实际问题，这种教学方法的特点是贴近实际、注重问题导向。在教育教学中，学科内容通常与实际应用密切相关，因此采用案例教学模式能够更好地激发学生的学习兴趣，提高他们的学习主动性。通过深入分析和案例讨论，学生能更全面地理解学科知识，并在解决实际问题的过程中培养实际应用能力。

第二，案例教学模式注重学生团队协作和交流能力的培养。在解决实际案例的过程中，学生通常需要进行团队合作，共同探讨问题、分析情境，并形成解决方案，这种合作方式不仅能够培养学生的团队协作能力，而且能够提高他们的交流表达能力。在案例教学中，学生通常需要向同学和老师阐述自己的观点和解决方案，这有助于培养他们的口头表达能力和逻辑思维能力。

第三，案例教学模式能够促使学生进行自主学习。在案例教学中，教师通常扮演着引导者和组织者的角色，鼓励学生主动参与案例分析和解决问题的过程，这种教学方式有助于培养学生的自主学习能力，激发他们的学习兴趣。通过在实际案例中探索和学习，学生能够更好地理解学科知识，形成对知识的深刻理解。

第四，案例教学模式有助于培养学生的批判性思维和问题解决能力。在案例分析的过程中，学生需要对问题进行全面深入的思考，分析问题的各个方面，并提出合理的解决方案，这种思维方式有助于培养学生的批判性思维和创新能力，使他们在面对实际问题时能够灵活应对，找到最合适的解决方案。

在实施案例教学模式时，教师的角色发生了一定的变化，教师成为学生学习的引导者和组织者。需要教师具备丰富的实践经验和案例设计能力，能够选取具有代表性和挑战性的案例，并引导学生进行深入分析。同时，在学生讨论和解决问题的过程中，教师还需要及时提供指导和反馈，以帮助他们更好地理解和掌握知识。

需要注意的是，案例教学并非适用于所有学科和教学内容。在一些理论性较强的学科中，案例教学并不是最合适的教学方法。因此，在选择教学方法时，教师需要综合考虑具体的教学内容和学科特点，合理搭配多种教学手段，以实现更好的教学效果。

总而言之，教学中的案例教学模式是一种注重实践、问题导向、能力培养的教学方法。通过引入实际案例，培养了学生的实际应用能力、团队协作能力、自主学习能力和批判性思维能力。在教学实践中，教师需要成为学生学习的引导者和组织者，善于选取合适的案例，并通过有效的引导和反馈，帮助学生更好地理解和掌握知识。

（三）项目驱动模式

近年来，项目驱动模式作为一种新兴的教学模式，逐渐受到了教师和相关学者的广泛关注。项目驱动模式的理论基础主要根植于构建主义和建构主义教育理念。构建主义认为学习是一种积极的、主动的、个体化的过程，强调学生通过主动参与实际问题的解决来建构知识。而项目驱动模式将构建主义理念引入教学实践，通过组织学生参与真实项目的过程，促使其在实践中获取知识、培养其解决问题的能力，并深刻理解所学知识。

在项目驱动教学中，项目被视为学习的核心载体。项目既可以是与实际产业密切相关的任务，也可以是模拟真实情境的虚拟项目。通过参与项目，学生将直接面对具体问题，因而需要调动多学科知识来解决，这种跨学科的学习方式有助于打破传统学科之间的界限，促使学生形成更加综合的视角。

在传统的教学模式中，教师是知识的传授者，而在项目驱动模式中，教师更像是学习的引导者和组织者。在项目中，教师需要扮演指导者的角色，激发学生学习兴趣，引导学生自主学习，并及时解决在项目实施中遇到的问题，这种角色的转变要求教师具备更加灵活的教学策略和更加广泛的知识面，以更好地适应项目驱动模式的教学环境。

项目驱动教学的实施方法多种多样，其中的一个关键环节是项目设计。良好的项目设计能够确保学生在实践中充分发挥主动性，实现知识的深度学习。项目设计应该与实际紧密结合，富有挑战性，并能够激发学生的学习兴趣。同时，项目的设计还需要考虑学生的不同学科背景和能力水平，确保每个学生都能够在项目中找到适合自己的发展路径。

在项目实施过程中，学生将从被动的接受者转变为主动的参与者。他们需要在团队合作中分享各自的专业知识，协同完成项目任务，这种团队合作的方式有助于培养学生的团队协作能力和沟通能力，提高他们在实际工作中解决问题的能力。

项目驱动模式对学生综合素养的促进作用不可忽视。首先，通过参与项目，学生能够将课堂学到的理论知识应用到实际问题中，加深对知识的理解；其次，项目驱动模式注重培养学生的创新能力和实践能力，使其在解决实际问题时能够提出新颖的观点和有效的解决方案；再次，项目驱动模式强调跨学科的学习方式，帮助学生在不同学科领域中获取知识，培养更为综合的素养；最后，通过项目实施过程中的团队合作，学生能够提高沟通协作能力，培养团队合作精神。但项目驱动模式也面临着一些挑战。首先，项目驱动教学的实施需要较大的教育资源投入，包括项目设计、师资培训、实践场地等方面的投入；其次，学生在项目实施过程中可能面临实际问题的不确定性，因此需要更强的问题解决能力和抗挫折能力；最后，教师在项目驱动教学中的角色转变需要一个过程，需要学校提供相应的支持和培训。

总而言之，项目驱动模式是一种积极的教育创新实践。通过项目驱动教学，学生能够在实际问题中培养解决问题的能力，提高综合素养。但为了更好地推动项目驱动教学的发展，学校需要加大对项目设计和师资培训的投入，同时注重培养学生的团队协作和创新能力。

（四）个性化定制模式

个性化定制模式是一种以学生为中心，根据学生的兴趣、能力和发展需求进行个性化教学设计的模式。在教学中，个性化定制模式是一种针对学生个体差异和学科特性的教育模式，旨在更好地满足学生的学习需求，提高教学效果，这一模式强调个性化教学，注重挖掘学生的潜能，促使其全面发展。个性化定制模式的构建与应用主要体现在以下四个方面。

（1）个性化定制模式的理念主张充分关注学生的差异性，将教学内容和方法根据学生的特点进行量身定制，认为每个学生都是独特的，他们在学科理解、学习风格、兴趣爱好等方面都存在差异。因此，教学个性化定制模式的首要任务就是深入了解学生，以便有针对性地进行教学设计，使教育更加贴近学生的需求。

（2）在实施个性化定制模式教学时，教师需要采用一系列策略来确保教学的有效性。教师应首先从学科的深度和广度出发，对学科特性有充分的了解和掌握。学科的核心知识和难点是教师指导学生时必须精准把握的关键点，通过对这些内容的深入研究，教师能够为学生量身定制更为精确的学习路径，帮助学生解决在学科学习中遇到的实际问题。其次，除了对学科内容的把控，教师还需灵活运用多种教学手段。传统的讲授方式固然有其优点，但单一的教学方式已无法满足当代学生多样化的学习需求。因此，教师应结合实践、讨论等多种教学方法，使教学更加生动有趣，激发学生的学习兴趣和主动性。例如，通过组织小组讨论，学生可以互相交流观点，锻炼自己的思维能力和表达能力；而通过实践操作，学生则能够更直观地理解学科知识，提升实际应用能力。再次，随着科技的不断发展，现代技术手段也为教学提供了更多的可能性。教师可以利用在线教学平台、教育App等工具，打破时间和空间的限制，为学生提供更为灵活和便捷的学习途径，这些技术手段不仅可以帮助学生随时随地学习，还能够通过数据分析等方式，为教师提供更为精准的教学反馈，帮助教师不断优化教学策略。最后，教师还应鼓励学生积极参与课外活动。课外活动不仅能够丰富学生的课余生活，还能够培养学生的综合素质和团队协作能力。通过参与各种团队项目和社会实践，学生可以更好地了解社会、锻炼自己的实践能力，为未来的职业发展和社会适应奠定坚实的基础。

（3）个性化定制模式的实施还需要建立有效的评估体系，以便及时了解学生的学习情况和成绩表现。评估不仅应关注学生对学科知识的掌握程度，还应考察学生的创新能力、实际操作能力等综合素质。教师可以采用多样化的评估方式，包括考试、作业、项目实践等，以全面了解学生的学习情况。通过及时的评估，教师可以调整教学策略，帮助学生更好地发展自己的优势，弥补不足。

（4）个性化定制模式具有重要的意义和价值。首先，这种模式有助于激发学生的学习兴趣和潜能。通过个性化的教学设计，可以更好地满足学生的兴趣和需求，使他们更加主动地参与学习过程。其次，个性化定制模式有助于培养学生的创新能力和实际操作能力。通过强调实践和项目实施，学生能够更好地将理论知识应用于实际情境，提高实际操作水平。最后，个性化定制模式有助于培养学生的终身学习能力。在这个信息化时代，学生需要具备不断学习和适应变化的能力，而个性化定制模式正是培养这种能力的有效途径。

总而言之，教学设计模式的选择和构建对培养应用型人才至关重要。传统教学模式在学生实际操作、综合素质培养方面存在不足，需要借鉴和吸收其他模式的优点进行改革。而问题导向模式、案例教学模式、项目驱动模式及个性化定制模式等新兴教学模式的应用为教育注入了新的思路和方法，能更好地培养学生的实际操作能力、团队协作精神和创新能力等多方面的综合素质。未来，教学设计模式的发展可能会更加注重多元化和个性化，更灵活地满足学生的发展需求。随着科技的发展，教育技术的应用也将成为教学设计的重要方向，通过智能化、在线化的手段提供更有效的教学支持。教学设计模式的不断创新和完善将有助于培养更加优秀的应用型人才，更好地满足社会的需求。

第二章　教育教学体系的具体设计路径

在当代社会，教育教学体系的设计不仅是学校和教育机构的关键任务，更是对未来社会人才培养的战略性规划，教育体系的具体设计路径越发成为引人关注的焦点。如何构建一个切实有效、适应时代需求的教育教学体系，已经超越了单一的教学方法和学科设置，涉及多层次、全方位的系统性思考和规划。鉴于此，本章主要研究课堂教学结构的具体设计、教育教学的多元模式设计、教学表达艺术策略的设计和教育教学评价体系的设计。

第一节　课堂教学结构的具体设计

一、目标制定设计

课堂教学作为教育体系中的核心环节，其成功与否直接关系到学生知识体系的构建与未来职业发展的基础。在这一过程中，教学目标的明确性与合理性显得更加重要。教学目标不仅是教师进行教学活动的指南针，更是学生学习的航标，其明确性直接关系到教学的效果与质量。因此，在制定课堂教学结构的目标时，必须深入考虑多个层面，确保目标的科学性与实用性。

第一，教学目标的制定应紧密结合课程的专业特点，致力于培养学生的专业素养，这包括但不限于对理论知识的深入掌握、对实际操作能力的熟练驾驭，以及对于专业领域内前沿动态的了解与把握。通过这样的目标设定，可以确保学生在完成课程学习后，不仅掌握了扎实的专业知识，还具备了解决实际问题的能力，为其未来的职业发展奠定坚实的基础。

第二，在制定教学目标时，需要充分考虑社会需求与行业动态。教育的最终目的是为社会培养人才，因此，教学目标的设定必须与社会需求紧密相连。学校需要密切关注行业的发展趋势，了解市场对人才的需求变化，以便及时调整教学目标，确保学生在毕业后能够迅速适应市场，具备在职业岗位上的竞争力。

第三，在具体的目标制定过程中，可以借鉴管理学中的"SMART"原则，以确保目标的明确性、可衡量性、可达性、相关性和时限性。具体而言，明确性要求将目标具体化、明确化，避免笼统和模糊；可衡量性则要求通过一定的标准或指标来衡量目标的达成情况；可达性意味着目标设定要考虑到学生的实际情况和能力水平，避免过高或过低；相关性则要求目标与教学内容、学生发展以及社会需求紧密相连；时限性则是为了确保目标能够在规定的时间内完成，避免无限期的拖延。通过遵循"SMART"原则，可以制定出既符合课程要求又符合学生发展需求的教学目标，这样的目标不仅有助于教师更清晰地了解教学的方向，制定更具针对性的教学策略，也有助于学生更好地理解自己的学习方向和发展方向，明确自己的学习任务和目标。

第四，教学目标的制定还应注重培养学生的综合素质和创新能力。在当今日益复杂多变的社会环境中，单一的专业技能已无法满足社会对人才的需求。因此，需要在教学目标中融入对学生综合素质和创新能力的培养要求，通过多样化的教学活动和实践项目，激发学生的创新思维和实践能力，使其成为具有社会责任感和创新精神的新时代人才。

总而言之，课堂教学结构的目标制定设计是一个复杂而细致的过程，需要从多个角度进行综合考虑。通过明确教学目标、结合社会需求、遵循"SMART"原则以及注重综合素质和创新能力的培养，可以制定出既科学又实用的教学目标，为培养高素质人才提供有力保障。

二、内容安排设计

课堂教学结构的设计是教育教学中至关重要的环节，它直接关系学生的学习效果与知识掌握程度。其中，教学内容的安排是这一结构中的核心要素，它涉及教材的选择、组织以及呈现方式等多个方面。教师作为课堂的主导者，其任务不仅在于传授知识，更在于引导学生形成独立思考和解决问题的能力。因此，教学内容的安排设计显得尤为重要。

第一，教师在设计教学内容时，应紧密结合教学目标，确保所选内容能够为实现教学目标提供有力支撑，这就要求教师对教学目标有清晰的认识，明确学生应掌握的知识点和技能点。在此基础上，教师应根据学科特点和学生的实际情况，合理选择和组织教材内容。在选择内容时，应注重内容的实用性，确保所教内容能够贴近实际应用，帮助学生更好地理解和掌握知识。

第二，理论与实践的结合是教学内容安排中的重要原则。理论知识是学科的基础，而实践应用则是检验理论知识的有效途径。因此，教师在设计教学内容时，应注重将理论知识与实践应用相结合，通过案例分析、实践操作等方式，引导学生将所学知识运用到实际中去，这不仅可以激发学生的学习兴趣，还可以提高学生的实际操作能力，为其未来的职业发展奠定坚实基础。

第三，教师在安排教学内容时，应关注学科的发展趋势和前沿动态。随着科技的进步和社会的发展，学科知识不断更新换代，新的理论和技术不断涌现。因此，教师应及时关注学科前沿动态，将最新的研究成果和技术引入到课堂教学中，确保所传授的知识是最新、最前沿的，这不仅可以提高课堂教学的时效性，还可以拓宽学生的视野，培养其创新意识和创新能力。

第四，在内容安排的设计过程中，教师需注意横向和纵向的衔接。横向衔接指的是不同课程之间的关联性和互补性，教师应确保所教内容与其他课程相互呼应、相互补充，"教学管理质量标准是完善高校内部教学质量保障体系的基础，高校在全面质量管理理论的指导下，运用一定的制度、规范、标准等对教育教学活动进行控制，从而实现教学质量的持续提升"[①]，形成之间的层次性和连贯性，教师应按照学生的认知规律和学科知识的逻辑结构，合理安排教学内容的顺序和深度，帮助学生逐步构建系统的专业知识体系。

第五，为了更好地培养学生的实际操作能力，教师还可以设计一定的实践环节，这些实践环节可以包括实验、实习、课程设计等多种形式，旨在通过实际操作让学生巩固理论知识，提高实际应用能力。在实践环节的设计中，教师应注

① 黄曲曲. 如何开展学校教学管理的内部控制审计 [J]. 时代金融，2019（13）：88.

重实践内容的针对性和实用性，确保学生能够在实践中真正掌握和运用所学知识。同时，教师还应加强对实践环节的指导和监督，确保实践活动的有效性和安全性。

总而言之，课堂教学结构的内容安排设计是一项复杂而重要的任务。教师需要紧密结合教学目标和学科特点，合理选择和组织教材内容，注重理论与实践的结合，关注学科的发展趋势和前沿动态，加强横向和纵向的衔接，设计实践环节等多种方式，以提高学生的学习效果和实际应用能力。只有这样，才能构建出高效、实用的课堂教学结构，为学生的全面发展提供有力保障。

三、教学方法设计

在教学中，课堂教学方法的选择与运用对于提升教学质量、激发学生的学习兴趣以及培养他们的自主学习能力具有极其重要的意义。一个合理而有效的课堂教学结构，不仅有助于教师更好地传授知识，更能让学生在轻松愉快的氛围中掌握技能，实现知识与能力的双重提升。

第一，教学方法的选择并非一成不变，而是需要根据教学内容、学生特点以及教学目标进行灵活调整。因此，在课堂教学中，应充分利用"多元智能理论"的指导，根据不同学生的智能类型和特点，选择适合他们的教学方法。例如，对于语言智能较强的学生，可以采用讲授与讨论相结合的方式，让他们在课堂上充分表达自己的观点；对于逻辑数学智能较强的学生，可以设置更多的问题解决和逻辑推理环节，激发他们的思维活力；而对于空间智能较强的学生，则可以通过实物展示和空间模拟等方式，帮助他们更好地理解抽象概念。

第二，不同的课程内容也需要采用不同的教学方法。对于理论性较强的知识点，可以采用讲授法，通过教师的系统讲解，帮助学生建立完整的知识体系；对于实践性较强的知识点，则可以采用案例分析法或小组合作学习法，让学生在分析和解决问题的过程中，提升实际操作能力和团队协作能力。此外，还可以结合课程内容的特点，采用项目式学习、探究式学习等创新教学方法，让学生在实践中学习，在探索中成长。

第三，课堂教学方法应注重信息技术的应用。随着科技的不断发展，现代教学手段如多媒体教学、虚拟实验等已经广泛应用于课堂教学中，这些教学手段不仅能够丰富教学内容，使教学更加生动形象，还能通过模拟真实场景，帮助学生更好地理解和掌握知识点。例如，在机械工程类课程中，可以利用虚拟现实技术模拟机械运动过程，让学生在虚拟环境中进行实践操作，从而加深对机械原理的理解。信息技术的应用并不意味着要完全摒弃传统的教学方法；反之，应该将传统与现代相结合，充分发挥各自的优势。例如，在利用多媒体进行展示的同时，还可以通过板书或实物展示来强化学生的记忆；在利用虚拟实验进行模拟操作的同时，还可以通过实际操作来检验学生的掌握情况。

第四，教学方法的设计还应注重培养学生的自主学习能力。在教学过程中，教师应鼓励学生积极参与课堂活动，主动提出问题并寻求解决方案。同时，教师还应为学生提供足够的学习资源和指导，帮助他们建立自我学习的意识和能力。

总而言之，课堂教学方法的设计是一个复杂而重要的任务，需要根据教学内容、学生特点以及教学目标进行灵活调整和创新设计，采用灵活多样的教学方法和信息技术手段，以激发学生的学习兴趣、提高他们的学习积极性并培养他们的自主学习能力。只有这样，才能构建出高效、生动、富有活力的课堂教学环境，为培养高素质的技术技能人才奠定坚实的基础。

四、评价体系设计

课堂教学结构的评价体系设计，作为教育领域中一项至关重要的任务，对于提升教学质量、促进学生全面发展具有不可忽视的作用。评价作为对学生学习情况进行全面、客观评估的手段，不仅是对学生学习成果的检验，更是对教学方法和效果的反馈，对于推动教学改革、优化教学过程具有重要意义。

第一，一个科学合理的评价体系应当具备全面性和多元性，这意味着评价体系不仅应关注学生对知识的掌握程度，还应涵盖其实际操作能力、团队协作能力、创新能力以及情感态度等多方面的表现，这样的评价体系能够更全面地反映学生的综合素质，为教师和学校提供更准确的教学反馈。

第二，在构建评价体系时，可以从多个维度出发，设计相应的评价指标和评价标准。例如，针对知识水平，可以通过定期考试、课堂测验等方式进行评价；对于实际操作能力，可以通过实验报告、项目完成情况等进行评估；而对于团队协作能力和创新能力，则可以通过小组讨论、团队合作项目、创新竞赛等形式进行评价，这些评价方式不仅能够帮助教师更全面地了解学生的学习情况，还能够激发学生的学习兴趣和积极性。

第三，评价体系的设计应注重可操作性和实用性，这意味着评价方法应简单易行，易于操作，同时又能够有效地反映学生的学习成果。为此，可以结合课堂教学实际，灵活运用各种评价手段，如观察记录、问卷调查、访谈交流等，以确保评价结果的客观性和准确性。

第四，在评价体系的设计过程中，应注重反馈机制的建立。及时给予学生学习成绩和反馈意见，能够帮助学生更好地了解自己的学习状况，发现自身存在的问题和不足，从而调整学习策略，提高学习效果。同时，教师也可以通过反馈机制了解学生对教学内容的理解和掌握情况，以便及时调整教学方法和策略，更好地满足学生的学习需求。

第五，评价体系的设计可以考虑引入多元化评价手段。例如，可以邀请同行专家或企业代表参与评价过程，提供外部视角的评价意见，以增加评价的客观性和公正性。此外，还可以利用现代信息技术手段，如大数据分析、人工智能等，对学生的学习数据进行挖掘和分析，以更深入地了解学生的学习特点和需求，为个性化教学提供依据。

值得注意的是，评价体系的设计并非一蹴而就的过程，而需要在教学实践中不断完善和优化，需要根据学生的学习情况、教师的教学反馈以及社会发展的需要，对评价体系进行定期修订和调整，以确保其始终保持与时俱进的状态。

总而言之，课堂教学结构的评价体系设计是一项复杂而重要的任务，需要从多个维度出发，构建全面、多元、可操作的评价体系，并注重反馈机制和多元化评价手段的引入，以推动教学质量的提升和学生的全面发展。同时，还需要在实践中不断探索和完善评价体系的设计与实施过程，以适应不断变化的教育环境和需求。

五、教学环境与资源支持设计

在现代教育体系中，课堂教学结构的设计是一项至关重要的任务，它直接关系到学生的学习效果以及教育目标的实现。而在这其中，教学环境与资源支持设计又扮演着举足轻重的角色。教学环境不仅关乎学生的学习体验，更直接影响到教学质量和效果；而教学资源的丰富程度与适配性，则是课堂教学能否达到预期目标的重要保障。

（一）教学环境设计

教学环境是指在教学过程中，学生所处的物理和心理空间的总和。一个理想的教学环境应当既能满足学生的学习需求，又能激发他们的学习兴趣和积极性，这就要求学校在教学场所的布局、设备配置、色彩搭配、光照条件等多个方面都要进行精心的考虑和设计。教学场所的布局应根据不同课程的特点和需要，合理安排桌椅的摆放、黑板或多媒体设备的位置，以及通道的宽窄等。例如，对于需要小组讨论的课程，可以采用圆桌式或U型桌的布局，以便于学生之间的交流与合作；而对于需要演示操作的课程，则应确保演示区域足够宽敞，以便学生能够清楚地看到操作过程。在设备配置上，除了基本的桌椅、黑板或白板外，还应根据课程需要配备多媒体设备、实验器材等，这些设备不仅可以提高教学效率，还可以增强教学的直观性和趣味性，从而激发学生的学习热情。教学环境设计还应考虑到学生的心理需求。比如，通过合理的色彩搭配和光照条件，可以营造出一种温馨、舒适的学习氛围，有助于缓解学生的学习压力，提高他们的学习效率。

（二）教学资源设计

教学资源是保障课堂教学顺利进行和取得良好效果的重要条件。教学资源不仅包括教材、教辅资料等传统的纸质资源，还包括实验器材、实习岗位、网络资源等多元化的教学资源。

第一，教材的选择应基于课程目标和学生的实际情况，确保内容准确、结构清晰、难度适中。同时，教辅资料也应与教材相配套，为学生提供丰富的学习素材和练习题。

第二，实验器材和实习岗位等实践性教学资源对于提高学生的实际操作能力和职业素养具有重要意义。因此，学校应与企业建立紧密的合作关系，引入企业资源，为学生提供更多的实践机会。通过参与企业的实际项目或实习活动，学生可以更深入地了解职业要求，增强自己的实际操作能力。

第三，随着信息技术的快速发展，网络资源已成为现代教学中不可或缺的一部分。教师可以通过网络平台发布课程资料、布置作业、组织讨论等，而学生则可以利用网络资源进行自主学习、拓宽知识视野。因此，学校应加强对网络教学资源的建设和管理，确保资源的质量和安全性。

总而言之，课堂教学结构的教学环境与资源支持设计是一项复杂而重要的任务，它需要综合考虑教学环境的物理和心理因素，以及教学资源的多元化和适配性。通过科学合理地设计教学环境和教学资源，可以为学生创造一个更加优质、高效的学习环境，促进他们的全面发展和成长。

六、师资队伍构建设计

优秀的师资队伍是课堂教学质量的基石，它直接关系到学生的学习效果与成长。因此，如何构建一支具备专业素养、实践经验丰富且教学方法灵活的师资队伍，成为当前教育领域亟待解决的问题。在课堂教学中，教师不仅是知识的传授者，更是学生思维的引导者、情感的陪伴者，这就要求教师必须具备扎实的专业知识，能够深入浅出地讲解课程内容，使学生能够真正理解和掌握。同时，教师还需要具备丰富的实践经验，能够将理论知识与实际案例相结合，帮助学生形成对知识的直观感知和实践应用能力。

第一，为了提升教师的专业素养和教学水平，学校应加强师资队伍建设，这包括但不限于以下方面：一是加强教师的职业培训，通过定期举办教学研讨会、教学观摩等活动，让教师在交流中不断提升自己的教学理念和教学方法；二是鼓励教师参与学科研究，通过科研活动提升教师的学术素养和创新能力；三是建立激励机制，对在教学和科研方面取得突出成绩的教师给予表彰和奖励，激发教师的积极性和创造力。

第二，为了丰富学生的实践经验，学校还可以邀请业界专业人士参与教学工作，这些专业人士具备丰富的行业经验和前沿知识，能够为学生提供更为真实的实践环境和更具针对性的职业指导。通过与业界专业人士的深入合作，学校可以构建行业导师制度，为学生提供一对一的指导，帮助学生了解行业动态和就业前景，从而更好地规划自己的职业发展。

第三，学校与企业之间的深度合作也是提升师资队伍水平的有效途径。通过校企合作，学校可以了解企业的实际需求，根据需求调整课程设置和教学内容，使教学更加贴近实际。此外，企业还可以为学校提供实践基地和实习机会，让学生在实践中学习和成长，这种深度合作不仅有助于提升师资队伍的实践水平，还能够增强学校与社会的联系，提升学校的整体办学水平。

第四，在构建师资队伍的过程中，需要关注教师的个人成长与发展。教师作为教育工作者，其个人成长与教学质量息息相关。学校应关注教师的职业规划和发展需求，为教师提供多元化的职业发展路径和成长机会。例如，可以通过设立教学名师、学科带头人等荣誉称号，激励教师在教学和科研方面不断追求卓越；同时，也可以为教师提供参加国内外学术会议、访学交流等机会，拓宽教师的学术视野和人际网络。

总而言之，课堂教学结构的师资队伍构建设计是一项复杂而系统的工程，它需要学校从多个方面入手，加强教师的职业培训、鼓励参与学科研究、邀请业界专业人士参与教学、深化校企合作以及关注教师的个人成长与发展。只有这样，才能构建一支具备专业素养、实践经验丰富且教学方法灵活的师资队伍，为课堂教学质量的提升提供有力保障。

七、课程改革与创新设计

在当今日新月异的时代背景下，教育作为社会发展的重要基石，其课堂教学结构的课程改革与创新设计显得尤为重要，这不仅是教育自身发展的内在需求，更是适应社会发展、满足职业需求变化的必然选择。

（一）课程改革设计

随着科技的高速发展和社会的不断进步，传统的课程内容已难以满足现代教育的需求。因此，课程改革成为课堂教学结构优化的首要任务。具体而言，课程改革需要从以下方面进行。

第一，课程内容需要不断更新。传统的课程内容往往过于陈旧，与现代社会和职业需求脱节。因此，需要根据社会发展的新要求和职业发展的新趋势，及时对课程内容进行调整和更新。例如，可以引入前沿科技知识、新兴行业动态等内容，使学生能够更好地适应未来社会的发展。

第二，课程评估与反馈机制的建立至关重要。定期的课程评估可以了解学生对课程的满意度和学习效果，从而发现教学中存在的问题和不足。同时，通过收集学生的反馈意见和就业情况，可以更准确地把握课程改革的方向和重点。在此基础上，可以及时调整课程内容和教学方法，以更好地满足学生的需求和社会的期望。

第三，借鉴先进的教育理念和经验是课程改革的重要途径。通过学习国外先进的课程设计理念、教学方法和评价机制，结合本国实际情况进行创新和改进；引入新的教学手段和技术，如在线教育、混合式教学等，可以提高课程的吸引力和实用性，激发学生的学习兴趣和积极性。

（二）教学创新设计

教学创新设计是课堂教学结构改革的重要方面。在教学方法上，需要摒弃传统的灌输式教学模式，引入更为灵活多样的教学方法。例如，项目式教学和问题导向学习等方法可以激发学生的学习兴趣和主动性，培养他们的创新能力和实际解决问题的能力，这些教学方法注重学生的参与和合作，通过实际操作和问题解决来提高学生的综合素质和能力水平。同时，跨学科融合也是创新设计的重要方向。在现代社会中，许多问题的解决需要综合运用多个学科的知识和技能。因此，需要打破学科壁垒，促进不同学科之间的交流和融合。在课堂教学中，可以通过设计跨学科的综合课程和项目，让学生在不同学科的交叉点上形成更为综合的视野和思维方式，这不仅可以提高学生的学习兴趣和动力，还可以培养他们的综合素质和创新能力。

在具体实施上，可以从以下方面进行尝试：①加强师资培训，提高教师的跨学科素养和教学能力；②优化教学资源配置，为跨学科教学提供必要的支持和保障；③加强学科间的交流与合作，促进不同学科之间的资源共享和优势互补。

总而言之，课堂教学结构的课程改革与创新设计是一项长期而艰巨的任务，需要在不断更新课程内容、引入先进的教育理念和技术手段、优化教学方法和跨学科融合等方面进行深入研究和探索。只有这样，才能构建出更加适应社会发展、满足学生需求的课堂教学结构，为培养具有创新精神和实践能力的高素质人才奠定坚实基础。

第二节　教育教学的多元模式设计

一、教育教学多元模式设计的理论基础

在今日的教育领域中，教育教学的多元模式设计已成为推动教育改革、提升教育质量的关键策略。随着社会的快速发展和科技的日新月异，传统的单一教学模式已难以满足现代教育的多元化需求。因此，探讨教育教学的多元模式设计，对于提升学生的学习兴趣、培养学生的综合素质以及促进教育公平具有深远的意义。教育教学多元模式设计的理论基础主要源于人本主义、建构主义以及多元智能理论等。人本主义强调以学生为中心，关注学生的情感、态度和价值观的培养；建构主义则认为知识是学生在与教师、同伴及环境的互动中建构而成的；而多元智能理论则主张每个学生都拥有多种智能，且这些智能之间存在差异，这些理论为教育教学多元模式设计提供了坚实的理论支撑，使得教育者能够根据学生的个体差异和多元需求，设计出更加灵活、多样化的教学模式。"学校要想保证和提高教育质量，必须确定教育质量的目标，这一目标既是教育质量的出发点又是教育质量的归宿，具有很强的导向作用"[①]。

二、教育教学多元模式设计的实践探索

第一，项目式学习模式。项目式学习模式是一种以学生为主导，通过完成实际项目来达成学习目标的教学模式。在这种模式下，学生需要围绕一个真实的、具有挑战性的问题或任务，通过小组合作、探究学习等方式，综合运用所学知识和技能来解决问题，这种模式不仅能够激发学生的学习兴趣和主动性，还能够培养学生的创新能力和实践能力。

第二，翻转课堂模式。翻转课堂模式是一种将传统课堂中的讲授环节与课

---

① 沈宁. 关于新时期加强学校信息管理化的思考 [J]. 中国管理信息化，2018，21（20）:211.

后作业环节进行颠倒的教学模式。在课前，学生通过观看教学视频、阅读相关资料等方式进行自主学习；在课堂上，教师则组织学生进行讨论、交流和实践等活动，以加深对知识的理解和应用，这种模式能够有效地提高学生的学习效率和自主学习能力，同时也能够增强师生之间的互动和合作。

第三，混合式学习模式。混合式学习模式是一种将在线学习与面对面学习相结合的教学模式。在这种模式下，学生既可以通过在线平台进行自主学习和互动交流，又可以在实体课堂中接受教师的指导和帮助，这种模式能够充分发挥在线学习和面对面学习的优势，为学生提供更加灵活、个性化的学习体验。

第四，协作式学习模式。协作式学习模式强调学生之间的合作与互动，通过小组讨论、角色扮演、共同完成任务等方式，培养学生的团队合作精神和沟通能力，这种模式有助于激发学生的思维火花，让他们在共同解决问题的过程中相互学习、共同进步。

三、教育教学多元模式设计的实施策略

第一，深入了解学生需求。在实施教育教学多元模式设计时，教育者需要深入了解学生的需求、兴趣和特点，以便为他们提供个性化的学习体验。通过问卷调查、访谈等方式收集学生的反馈信息，不断调整和优化教学模式，以满足学生的多元化需求。

第二，加强教师培训。教师是实施教育教学多元模式设计的关键力量。因此，需要加强教师的培训和教育，提高他们的专业素养和教学能力。通过组织研讨会、分享会等形式，让教师了解最新的教育理念和教学方法，以便更好地指导学生的学习。

第三，优化教学资源配置。教育教学多元模式设计需要充分利用各种教学资源，包括教材、教学设备、网络资源等。因此，需要优化教学资源的配置，确保各种资源能够得到有效利用。同时，还需要加强学校与社区、企业等外部机构的合作，为学生提供更加丰富的学习资源和实践机会。

四、教育教学多元模式设计的挑战与对策

尽管教育教学多元模式设计具有许多优势，但在实施过程中也面临着一些

挑战。例如，不同学生的学习能力和兴趣差异较大，如何确保每个学生都能从中受益是一个难题；同时，教学模式的变革也需要教育者付出更多的时间和精力来适应和学习新的教学方法。针对这些挑战，可以采取以下对策：首先，建立完善的学生评估机制，通过定期评估学生的学习进展和反馈意见，及时调整和优化教学模式；其次，加强教育者的专业培训和团队建设，提高他们的教学水平和团队协作能力；最后，积极寻求外部支持和合作，利用社会资源来丰富教学内容和形式。

五、教育教学多元模式设计的未来展望

随着科技的不断进步和社会需求的不断变化，教育教学多元模式设计将呈现出更加广阔的发展前景。未来，可以期待更多的创新教学模式涌现出来，如虚拟现实技术在教学中的应用、人工智能辅助教学等，这些新技术和新方法将进一步丰富教学形式和手段，提高教学效果和质量。同时，教育教学多元模式设计也将更加注重学生的个体差异和全面发展。教育者将更加关注学生的情感、态度和价值观的培养，注重培养学生的创新思维和实践能力。通过多元化的教学模式和个性化的学习体验，为学生的全面发展提供有力支持。

总而言之，教育教学的多元模式设计是教育改革的重要方向之一。通过深入探索和实践，可以为学生提供更加优质、灵活和个性化的学习体验，促进他们的全面发展和社会适应能力的提升。在未来的发展中，需要不断创新和完善教育教学多元模式设计，以适应社会的变化和学生的需求，为培养具有创新精神和实践能力的新时代人才贡献力量。

第三节 教学表达艺术策略的设计

教学表达既是科学，又是艺术。一份优秀的教学设计方案，由不同的教师来表达，会有不同的教学效果。教学表达受教师的科学素质、人文艺术修养、教学经验、知智能水平、心商（智商、情意商等）、心态、性格、气质、仪容等多因素制约。教学表达艺术策略的设计包括以下五个方面。

一、教学启发艺术策略的设计

"启发式教学一直是教学方法中耳熟能详的概念，是古今中外都十分提倡与推崇的教学方式"[①]。启发式教学作为一种科学的教学理念和基本的教学方法，已为广大教师所熟知，但是真正地、彻底地实施，却不那么容易。熟知而不笃行有之，实行而不纯熟、不恰当有之。因而不启不发、启而不发等现象依然严重存在。造成这些现象的原因，除了不能认真地领会启发式教学的实质、习惯灌输式教学模式的定式之外，就是不懂或不会运用启发艺术策略。

（一）教学启发艺术的基本要求

第一，启发思维应成为教学启发艺术的核心和主旋律。教学启发艺术的核心和主旋律，就是引导、训练学生学会思维。通过课程教学，让学生掌握和运用科学思维方法，包括一般科学思维方法（分析法、综合法、比较法、分类法、概括法、抽象法等）和学科思维法，并以唯物辩证法为指导，总结提升新的思维方法。通过教学启发，培养学生良好的思维品质，如思维的独立性、广阔性、深刻性、敏捷性、灵活性、批判性和精确性等。教育教学的艺术性，就在于使学生的思维走向成熟。教学启发艺术要积极发展学生的思维能力，即通过启发思维，使学生的各种思维能力都得到应有的、和谐的发展。诸如形象思维能力、直觉思维

---

① 都瑞. 启发式教学新探 [J]. 文教资料，2018（11）：238-240.

能力、类比思维能力、联想思维能力、想象思维能力、臻美思维能力、创意创造性思维能力等，其中创意创造性思维能力最重要。

第二，问题性教学是启发教学的高效途径。问题性教学以创设问题情境来激发学生的思维兴趣和积极性。人的思维活动总是从问题开始的。疑问是思维的"启发剂"，能使求知欲从潜伏状态转入活跃状态。问题性教学为学生留有思维活动的时空，可以引起他们的联想、类比、想象，追求思维的成果，调动思维的积极和创造性。问题性教学可以引导学生思维的方向和轨迹朝向正确的目标。

第三，灵活运用启发思维的"点金术"。良好的方法是启发教学成功的关键因素。启发思维，应遵循以下三条原则。一是要适时合度。这就要求教师准确地把握启发的时机，在"愤""悱"之际（思维的最佳突破口）点拨学生思维，启迪学生智慧；同时，要注意选择合度的问题，使思维的广度、深度、速度适中，符合"最近发展区理论"①的原则。二是应因人循序。每个学生的个性特征、知智能结构、认知能力和思维类型都是不同的，这就决定了启发思维的重点、难点、方式方法、途径等必须因人而异，因材施导；同时要遵循学生的认知规律，循序渐进。学生的思维发展是从具象到抽象、从个别到一般、从简单到复杂。循"序"导引，才能形成思维活动的逻辑性（辩证逻辑或审美逻辑）和节奏感、韵律感。当然，有时需要教师故意打破其顺序，使学生形成超越性思维（直觉思维、顿悟思维或灵感思维等），这是培训创造性思维的必由之路。三是要反馈强化。启发思维要获得实效，教师就要及时准确地捕获来自学生的反馈信息，并做出及时而准确的评价，强化（正强化、负强化）学生的思维操作，调动其思维的积极性。

第四，培养学生热爱思维活动的兴趣和习惯。紧张而愉快的思维活动，以及所获得的思维硕果，是一个人智慧绽开绚丽之花的直接动力，它可以使人直接体验到思维活动所赋予的无与伦比的乐趣。培养思维兴趣的途径，就是让学生直接从事思维活动，并从中不断获得乐趣。在思维过程中，疑问迭出的悬念、逻辑严密的推理、探求未知的好奇心、豁然开朗的顿悟、层出不穷的审美情趣，都会令人获得愉快兴奋的情感体验。教师在运用教学启发艺术的策略中，应多给学生独

---

① 最近发展区理论认为学生的发展有两种水平：一种是学生的现有水平，指独立活动时所能达到的解决问题的水平；另一种是学生可能的发展水平，也就是通过教学所获得的潜力。两者之间的差异就是最近发展区。

立思维的主动权，让他们有独立发现问题、提出设想或创意的机会，着力培养他们热爱、乐于思维活动的兴趣，并养成坚持不懈的习惯。

（二）教学启发艺术的策略类型

教学启发艺术的策略多种多样，常用的主要包括以下类型。

第一，比喻启发法。灵活运用自然贴切、新颖有趣、生动形象的比喻，化繁为简、化生为熟、化难为易、化深为浅、化理为趣，启发心智，使人茅塞顿开、豁然开朗。

第二，类比启发法。通过对比使人觉察两事物或现象的某些相同或相似，从而推出两者其他方面的相同或相似点，获得启发，得到新知。

第三，联想启发法。通过联想思维，使人由一事物（现象、概念）想到另一事物（现象、概念）而得到启发，获得新知。

第四，设疑启发法。利用问题有效地引导，促进学生对教学内容深入思考获得新知。设疑有"引疑""激疑""故疑"之分。

第五，直观演示启发法。利用直观手段和演示操作，让学生边观察边思考，使其认知由感性升华为理性。

第六，图示启发法。利用直观图示，激活视觉，形成深刻的印象，使学生积极深思其内涵，获得新知。

第七，表情动作启发法。使用眼神、表情、手势、体态等"无声语言"，将有关信息暗示给学生，使之心领神会，当下彻悟。

第八，激情启发法。激发学生情感体验，启迪其心门，使其对问题深化理解或豁然领悟。

第九，点拨启发法。适时为学生指点迷津、拨开疑雾，使其明确思路，抓住要点，逐步深化认识。

第十，反叩启发法。对疑者不正面回答，而是通过反问引导其思考，解决疑问或使其获得顿悟。

第十一，暗示启发法。以含蓄的方式（语言、形象、意境、氛围、活动、艺术）激发心智，加快加深学生对问题的领悟或理解。

第十二，以史为鉴启发法。以著名人物的科学发现、技术发明、艺术创作的成功经验启迪学习者，使其养成积极思维的兴趣习惯，获得成功思维的方法。

（三）暗示教学艺术的策略分析

暗示教学艺术是教学启发艺术策略的一种。所谓暗示，是指人与人、人与环境之间未意识到信息的刺激作用，它通过含蓄、间接的方式对人的心理和行为产生影响；有时也指个人的显意识通过一定信息指令对其潜意识的直接影响。人在感觉、知觉、记忆、注意、表象、思维、情感、意向、意志等方面都能受到相应的暗示。所谓暗示教学艺术是指教师自觉地、有意识地运用暗示原理，以各种含蓄间接的方式潜移默化地影响学生的心理和行为，即把各种无意识暗示因素组织起来，开发个人潜能，使之获得充分的自我发展。我国传统教学观念中的"感染""熏陶""潜移默化""陶冶"等也是这个意思。

1.暗示教学艺术策略的特性

（1）含蓄性、启发性和意会性。暗示信息的隐蔽性，使得暗示教学艺术的信息交流带有独特的"意会性"的特点，彼此心照不宣、心领神会。一个眼神、一句话、一个动作都可能富有启发和教育作用的暗示，令人长久铭记甚至化为行为。

（2）直接性和迅速性。在暗示教学艺术中，知识信息是异常迅速地渗入人的大脑的，消化知识信息的速度比一般方法快1~50倍。

（3）非理性和情境性。暗示教学相信情感、意志等非理性因素的力量，并非常重视情境的作用。

（4）渗透性和持久性。暗示教学艺术重视信息渗透的影响。所谓超级记忆就是在这种教学艺术中激发出来的，它来自人的巨大潜能。在轻松的环境下，超级记忆的内心活动以惊人的节约精力的方式展开，便是暗示教学艺术具有渗透性和持久性的特点。

（5）愉悦性和易接受性。暗示教学自始至终是个愉快的过程，使学生感到学习是一种享受。

总而言之，暗示教学艺术策略意在激发学生的学习潜能，有助于培养直觉思维能力，促进理智与情感的协调发展，使教学活动成为一种乐趣。

2.暗示教学艺术策略的类型

根据所采用的手段和途径，暗示教学艺术策略可分为语言暗示、形象暗示、氛围暗示、活动暗示和综合暗示策略等。语言暗示策略，即通过语言进行的暗示（教学语言的声调传出的丰富的潜台词、提示语言等）；形象暗示策略，包括教师形象暗示（手势、眼色、表情、体态、服饰暗示等）和榜样形象暗示；氛围暗示策略，即教风、学风、教室的气氛、音乐等形成的暗示；活动暗示策略，即组织有利于促进教学、教育并能形成暗示的活动；综合暗示策略，即综合运用各种形式的暗示，形成综合暗示效果的暗示策略。

二、教学语言艺术策略的设计

（一）教学语言艺术的功能意义

教学语言艺术是指教师创造性地运用语言教学规律和审美性原则进行口头语言及副语言表达教学内容的艺术。口头语言是最基本的教学表达手段，理应准确精练、生动有趣、纯洁文雅、启发思维、动人心弦；副语言指的是语言的音质、音量、声调、语速、节奏等，以及笑声、叹息等无固定语义的发声，常用来辅助口头语言的表达，包括各种情意的表达，使教学语言更具艺术魅力和表现力。

古今中外的著名教育家，都很重视教学语言艺术。孔子就是这方面的典范，他以引人入胜的语言"诲人不倦，启人智慧"。孔子的教学语言艺术以"雅言"为正音，以"辞达"为目的，以"慎言"为特色，以启发思维为要旨，多使用概括性强且极具说服力的哲理思辨语言，以及语重心长的口头语言，显示出语言大师的风格。而后《学记》明确地提出教学语言的标准为"约而达，微而臧，罕譬而喻"。可见，教学语言艺术有其独特的功能意义。具体表现在以下三个方面。

第一，教学语言艺术是教师教学的主要手段。尽管现代教学方法繁多，但教学语言艺术仍难以被全面替代。这是因为课堂始终是一个充满语言氛围的环境，教学与学习过程中的讲授、解释、提问、回答、讨论、复述、概述、修正或纠正等活动，无一不依赖于语言及语言表达技巧。

第二，教学语言艺术决定教学效果和效率。教学语言艺术水平综合反映教师的教学素质，在很大程度上制约了其教学效果和效率。在教学语言艺术方面影响教学效果、效率的主要因素有教学语言艺术的清晰度、严密度、简练度和动听度。教学语言的清晰度有赖于语言表达的清晰性和流畅性；教学语言的严密度有赖于语言表达的内在逻辑性，逻辑严密表达的内容系统、条理化，有利于增强语言的说服力和论证力；教学语言的简练度有赖于语言表达的精练性，做到言之有物、言简意赅；教学语言的动听度有赖于语言表达的生动性和新颖性，生动、新颖能引人入胜，入情入理，促进学生理解或领悟。

第三，教学语言艺术影响学生多种能力的发展。首先，教学语言艺术影响学生思维能力的发展。如生动形象的教学语言会影响学生的形象思维，理性概括的教学语言会影响学生的抽象思维，语言观点会影响思维的独立性和批判性，机言智语会影响思维的敏捷性和灵活性，丰富多彩的语言材料会影响思维的广阔性和深刻性等。其次，教学语言艺术影响学生语言能力的发展。学生受到教师言之有物、言之有序、言之明理、言之动情、言之生趣的教学语言的长期陶冶，会对语言艺术产生浓厚兴趣，进而提高运用语言艺术的能力。最后，影响学生审美能力的发展。富有审美情趣和审美色彩的教学语言，可使学生直接感受到语言艺术的魅力，并从中获得审美感受和审美体验，激发审美联想和审美想象，丰富审美情趣，锤炼、提高审美鉴赏力和创造力。

（二）教学语言艺术的主要特点

教学语言艺术的主要特点包括以下十个方面。

第一，目标明确，具有主导性。教学语言的艺术性在于善于引导，教学语言能沟通师生的思维，拨动学生的心弦，引起学生的思维共鸣，营造出活跃的教学氛围，调节好教学的节奏和韵律，从而有效地带领学生步入教学意境、探索未知领域的奥秘。主导性强的教学语言，能随时引导学生思考，从而使学生提高学习效率。

第二，简明准确，具有科学性。这体现在教学语言的准确、规范、精练和逻辑性、系统性等各个方面。要求用词恰当、言简意赅、声声入耳；不说空话、套话、半截子话，不要有口头禅；简洁明快，干净利索；推理有逻辑性，论证有系统性（层次清楚，结构条理分明，抓住精华，突出重点，取舍有致）。

第三，方便理解，具有讲解性。教学语言应区别于朗诵、评书及播音语言等，旨在便于学生聆听、领会或领悟，同时便于记录。教学语言应具备解说性质，对关键问题予以突出强调，对疑难问题加以深入解释，针对未阐述清楚之处适当予以重申，以提高教学语言的持续性。总而言之，教学语言的讲解性主要表现为行进性语言和回复性语言的统一，以取得良好的教学效果。

第四，哲理性强，具有教育性。教学语言要紧扣育人性，语言要文雅、纯洁、有分寸感和教育人；要发人深省，有哲理性；要以理服人，以情感人；要在语言上做出文明的表率，使之有很强的示范性。

第五，循循善诱，具有启发性。教学语言应当含蓄蕴藉，耐人寻味，发人深省，富有启发性。做到旧中见新，易中见难，平中出奇，难而可及，循循善诱。教学语言还应富有问题性，给学生留有联想、类比、组合、想象的空间，使他们的思维经常处于积极的状态。

第六，机智敏锐，具有灵活性。教学语言的对象感很强。学生的学业特征和个性差异等，都会制约教学语言艺术的选择和应用。如是直观的，还是抽象的；是委婉的，还是直率的；是理性的，还是动情的；等等。教学语言还受到教学内容的制约，不同的内容要用不同的语言来表达，如描写的、说明的、议论的、陈述的或抒情的，明快的或黯淡的，朴实的或华丽的，简洁的或丰繁的，庄重的或诙谐的，等等。教学语言还受具体学情的制约，这就要求教师勤于观察学生的语言现象，熟悉他们的语言规律，从而选择恰当的语言艺术，使教学语言达到与学生息息相通。总而言之，教学语言要机智灵活，根据反馈信息，及时调节语言的速度、基调、节奏、音量、语气等，使语言整体效果最佳。

第七，生动形象，具有趣味性。教学语言宜生动、形象、富有情趣、理趣，能吸引学生的注意力。趣味性强的教学语言有助于创造丰富多彩的教学意境，引人入胜，活跃人的思维。

第八，有效调控，善对时空性。教学语言在实际运用中往往受到时空因素的制约。因此，在教学过程中，教师语言的节奏与速度应保持适中，既要确保教学内容在规定的时间内得到充分展现，又要沉稳自如，避免出现教学进度的前松后紧或前紧后松现象。此外，教师还要根据教学场地的实际情况，巧妙地调整语言的音量和语速，使每一句话都能深入人心。在必要时，教师可突破时空束缚，构建超越现实的教学情境，使教学语言达到"辞尽意未尽"的境界。

第九，通俗易懂，做到口语化。教学语言应是一种有声有色的语言，宜通俗易懂，最忌用书面语言，更忌照本宣科；要深入浅出，忌晦涩难懂；要运用规范的普通话，避免使用方言；发音要准确，吐字应清晰；要抑扬顿挫、流畅自然、娓娓动听，富于节奏美、韵律美。

第十，言如其人，具有个性化。教学是师生个性对个性的影响。因此，教学语言应体现出教师治学的个性和风格。教学语言的个性化，是言如其人的体现，能体现每个教师的品格、风度，以及治学的特色。独具特色的教学语言风格，可使教学语言逐步趋向成熟。

（三）教学语言艺术的类型划分

教学语言艺术策略的制定或选择需根据教学任务、教学内容、教学组织形式及学生具体情况的差异，精准地选择或设计教学语言艺术类型，进而充分展现其艺术魅力，实现最优教学成果。教学语言艺术策略的类型多种多样，可以从不同角度予以归类：第一，根据教学语言的功能性质分为系统讲授策略、个别辅导策略和组织协调策略；第二，根据教学语言的信息流向分为单向传输策略、双向对话策略和多向交流策略；第三，根据教学语言的表达方式分为分析说明策略、客观叙述策略、生动描述策略、逻辑论证策略和抒情感人策略；第四，根据教学语言的运用技巧分为修辞添彩策略、变调感染策略、停顿引思策略、节奏韵律策略、重音强调策略、含蓄暗示策略、幽默诙谐策略、引用增色策略和翻新创意策略等。

（四）无声语言表达艺术的策略

在课堂教学中有一种无声的语言，即体态语言，它可以辅助教学语言，为教学服务。行为科学认为，几乎一切无声语言（体态语言）都可以作为人际沟通的有效手段。课堂上准确、熟练地运用体态语言辅助教学，可以收到特殊的效果。所谓无声语言，即用手势、姿态和表情等来表达某种意思的"语言"。体态语言作为人类传递信息的交流工具，其产生和运用要早于有声语言。广义的语言包括声音语（口语）、文学语（书面语）和态势语（体态语）。在口语、书面语不能或难以表达，以及表达不清之时，体态语常有其独特的功能和作用，可以帮助组织教学、激活学习情绪、突出教学重点、调控教学进程、增进师生感情或提高教学效果等。体态语言的运用优秀，还可增加有声语言的生动性、形象性和准确性，使课堂教学更加优化。

1.无声语言表达艺术策略的特点

（1）伴随性特点：无声语言大多是伴随有声语言表达出现的，是对教学语言表达信息量的补充和增色，帮助有声语言表达，引起学生的注意，增强其说服力和感染力。

（2）连续性特点：教师从走进课堂开始，就会连续不断发出体态语言信息，即使语言中断，非言语的种种信息也会连绵不断地传出。

（3）表情性特点：体态语言的表达既有表义性又有表情性，而且与语言相比更具表情性。无论自觉或非自觉，教师的情感、情绪总会通过体态流露出来。感情丰富的教师，其语言也能做到以情感人。

（4）动作性特点：体态语言具有形象生动、鲜明真实的特征。一个人的视觉和听觉获得的信息量，分别约占所获总信息量的83%和11%。视觉捕获的信息量最大，这说明体态语的动作性有很大的优势。

（5）情境性特点：体态语言表达的"词汇意义"与表达的情境有关，情境变化了，其"词汇意义"也可能发生变化。例如，"点头"在不同情境下可以表示如下多种意义：致意、同意、肯定、承认、认同、赞同、应允、理解、满意、感谢、顺从等。

（6）差异性特点：包括文化差异性（不同民族对同一体态有不同的理解）和个体差异性（处于同一文化中的不同个人，由于其生理、年龄、经历、性别、性格、地位等的不同，在体态语的表达上也会有或多或少的差别）。

一个优秀的教师应当充分了解、把握、利用体态语言的表达特点，充分发挥无声语言在教学艺术中的功能和作用。

2.无声语言表达艺术策略的运用

无声语言表达与有声语言表达密切相关，但又相对独立。无声语言表达体系由多个子系统构成，如副语言表达、手势表达、面部表达、眼神表达及体姿表达等。因此，教师应根据教学任务、内容和情境的需要，最优地选择无声语言表达策略。

（1）眼神运用策略。科学而艺术地用好眼神（运用瞳孔的大小、亮度的明暗、视角的俯仰或左右动、注视时间长度、变化快慢等），可辅助教学语言，提高教学效果。从学生的眼神变化，获得反馈信息，辨析学情，再报以相应的眼神，调控学情。眼神的运用方法如下。①环视法：针对全体学生运用眼神，促进学生积极参与教学，注意听讲，维持课堂秩序。②专注法：针对不同对象，了解学习心理和学情，启发优秀生的积极心态，或使个别走神的学生注意听讲等。③虚视法：即似看非看，或仅仅一瞥，在不伤害学生自尊心的前提下唤起个别学生的注意力。

（2）表情运用策略。面部表情是心灵思想、神经的显示器，可以传达非语言交流信息，运用表情，尤其是微笑可启迪学生正向情感和睿智；严肃的表情可制止不当言行。

（3）手势运用策略。准确适度的手势，可以传达思想，表达情意，增加有声语言的表现力、说服力和感染力。手势具有形象指示、情意、象征等多种功能，简明有力的手势，可突出教学重点，并强化学生的记忆。

（4）举止运用策略。得体的举止，不仅能显示教师的修养、气质、风度、能力，还可以吸引和稳定学生的注意力，增强教学的感染力。

（5）距离运用策略。人际间的距离也有信息意义，距离远近，会给人以不同的心理感觉，产生不同的心理效应。利用距离的变化，可以调整师生关系，调控教学气氛。

三、教学板书艺术策略的设计

教学板书是教师常用的一种教学手段和表达形式，是师生视觉交流信息的重要渠道。教学板书艺术是整个教学艺术的重要组成要素。精湛的教学板书艺术，是开启学生智慧之门的钥匙，是教师教学风格的凝练和结晶。教学板书艺术对多媒体教学课件的设计，也有很大的影响。

（一）教学板书艺术的功能作用

教学板书是教师根据教学需要在示教板（黑板等）上以书面语言或图形符号，进行表情达意的活动方式。优质的板书是一门独特的艺术。板书一般有三种形式：板书（在黑板上书写的各种文字）、板演（在黑板上推导公式、书写算式或演算示例等）和板画（在黑板上画出各图形、符号和表格等）。优秀的教学艺术家都非常注重教学板书艺术的功能和运用，做到深思熟虑、精心设计，令人赏心悦目、颇受感染启迪。教学板书艺术的功能作用主要包括以下三个方面：

第一，教学板书是对教学内容科学而艺术地加工和提炼，将精华展现在学生的面前，激发和促进学生的认知和智能活动。主要体现在：厘清教学内容的线索和思路，简明直观地提示教学内容的内部结构，突出教学内容的重点和难点，方便学生的理解和领悟，引导学生积极思维，展开联想、类比和想象。

第二，教学板书体现了教师的教学智慧、艺术和风格。精妙的板书是教师创新劳动的结晶，蕴含着教师的深厚学识、教学科研成果与技艺、创新精神和审美修养。教学板书彰显着教师的教学品质和风格，进而影响着学生的求学精神与风气、学习智慧和认知能力，还能有效地引导和调控学生课堂认知活动的节奏和韵律，促使其积极而高效地学习。

第三，教学板书能有效地影响学生的学习。例如，引导学生学会学习，即通过板书，使学生有效地领悟和掌握课程的知识结构，以及认知的方法和途径。板书还能影响学生各种智力因素和非智力因素的发展。优秀的教学板书能超越教材的局限，培养并发展学生的感知、观察、注意、记忆、思维、联想、类比、想象、审美和创新等智力活动的能力，同时促进学生的需要、兴趣、动机、志向、情感、意志、性格等非智力因素的健康发展。

（二）教学板书艺术的主要特点

明确教学板书艺术的特点，有助于提高教师修养，增强其对教学板书艺术追求的自觉性和积极性。教学板书艺术的特点主要体现在以下八个方面。

第一，直观性特点。教学板书以文字、符号、图表等具象手段，将教学内容直接传输给学生的视觉，丰富了他们的感性形象，有助于他们接受、加工传来的知识信息。与耳朵相比，眼睛更有耐性，这是因为视觉神经比听觉神经要多很多倍，眼睛暗示的注意力为耳朵暗示的25倍。因而，视觉是获得外界信息的最重要途径，并且也最易被人接受和理解，留下深刻印象。自觉地利用板书的直观性特点，可以有效地提高教学的艺术性。

第二，简洁性特点。教学板书的语言、符号与图表应经过严格筛选，深刻体现教学内容的本质与知识体系，因此，它应是简洁且内涵丰富的。

第三，启发性特点。受板面的局限，教学板书的设计要素语美字妙，富于启迪，含蓄蕴藉，富有弹性和强力，并留有足够的思维和想象的时空，以调动学生思考的积极性和创造性。

第四，趣味性特点。板书设计应注重独特新颖、巧妙趣味，以吸引学生的注意力，激发他们的观察、记忆、思维和想象力，从而充分发挥智力结构的整体协同效应。

第五，示范性特点。精湛的板书动情入理，能够对学生起到潜移默化、感染、熏陶的作用，从而具有示范性特点，成为他们模仿的对象。

第六，审美性特点。精湛的板书应该追求形式和内容的完善统一，给学生以审美享受，从而起到激情引趣、象形传神的作用。要做到板书美，就要做到内容完整美、语言精练美、字体俊秀美、构图造型美（整齐美、对称美或均衡美、立体美、呼应美、和谐美等）。此外，还有层次美、参差美、线条美、色彩美等。

第七，科学性特点。好的板书系统性强，体系完整、脉络清晰、层次分明，有助于学生理解难点、把握重点。

第八，计划性特点。设计板书，要善于整体谋划，首先要从教学目标出发，突出教学重点、难点；其次要针对学情，符合学生的认知特点和心理特征；再次要容量适度，布局合理；最后要注意留擦时间，长时保留和短时擦掉要分开。

（三）教学板书艺术的类型划分

教学板书艺术的类型划分主要有以下五个方面。

第一，根据板书的地位和性质，教学板书艺术可分为基本板书（中心板书、要目板书、主板书）和辅助板书（附属板书、注释板书、副板书）。基本板书是体现教学目的和教学内容内在联系的知识结构要素、重点、难点、核心和关键的板书，是整个板书的骨架，需长时间保留；辅助板书是对基本板书的必要补充或辅助说明，可随写随擦或短时保留。

第二，根据板书形成的主体，教学板书艺术可分为主导型板书、主体型板书和合作型板书。主导型板书是由教师亲自完成的板书，可充分体现主导意图；主体型板书是学生在教师指导下完成的板书，体现学生的主体性，有助于发展他们的积极心态、思维能力和表达能力；合作型板书是师生共同完成的板书，可增强师生交流，形成智能叠加，和谐师生关系，培养合作精神。

第三，根据教学板书的功能和书写时间，教学板书艺术可分为课前预习板书、课初温故板书、课中讨论板书和课终总结板书。预习板书是教师课前书写的板书，以指导学生学习预习，培养他们独立学习、独立思考的习惯与能力；温故板书是教师在课程开始用以温故知新的板书；讨论板书是为了课中讨论重点问题而书写的板书，用来集中学生的专注力、思维力和想象力，培养他们分析和解决问题的能力；总结板书是教师在课终引导学生重温所教内容，并概括总结课程要点的板书，有助于学生形成较为完整的知识结构。

第四，根据教学板书形成和呈现的方式，教学板书艺术可分为静态示现板书和动态渐成板书。静态示现板书是在课前筹划、书写与讲授同步进行，适时呈现的教学辅助工具。静态示现板书能节省时间、降低失误，但灵活性不足，较难聚焦学生的注意力。在使用时，需特别关注展示时机。动态渐成板书是根据教学进程，边讲解边书写的板书，具备高度的灵活性，能够激发学生的注意力和思维能力，逐层启发学生。

第五，根据教学板书的具体表现形式，教学板书艺术可以分为文字型或文字为主型、表格型、图示型和图文并茂型等。

（四）教学板书艺术的表现形式

教学板书艺术的表现形式主要有以下二十种。

第一，关键词语式板书。关键词语式板书是由能准确或恰当反映教学内容的词语构成的板书，可直接揭示事理的本质。

第二，逻辑要点式板书。逻辑要点式板书是根据教学内容的内在逻辑关系概括出的文字要点，依次排列书写成的板书。由于其提纲挈领、简明扼要、层次分明、系统性强、便于学生记忆、理解和复习，又称为提纲式板书或要点式板书。

第三，问题式板书。问题式板书将教学内容设计成问题的形式，以醒目的方式引起学生关注，给学生留出思考的时间，发人深省，从而促进思考。

第四，答案式板书。答案式板书，即把课堂教学的重点课题或课后作业的答案以板书的形式给出。

第五，对比式板书。对比式板书是将教学内容中需要相互对比的因素集中在一起而构成的板书。

第六，分析式板书。分析式板书是从教学内容层次结构出发，逐步分析教学内容构成的板书。这种板书以直观的形式表达思维过程，其逻辑关系直观分明，便于学生理解、记忆和掌握。

第七，归纳式板书。归纳式板书是把教学内容归纳、概括为简要的式子、字、词、短句等书写出来的板书。

第八，偏幅式板书。偏幅式板书是将板书内容偏向某一方面写成的板书，可突出重点和难点，引起学生的重视。

第九，对称式板书。对称式板书是通过上下或左右两部分对称性排列，展开教学内容的板书，具有对称美，并能给学生以启迪。

第十，线索式板书。线索式板书是根据教学内容和思维顺序构成的板书，可使教学内容条理清晰，一目了然，便于学生接受。

第十一，阶梯式板书。阶梯式板书是根据教学内容的层次，把板书要点组成像阶梯一样的板书，它可以逐级提高或加深教学内容。

第十二，宝塔式板书。宝塔式板书是根据教学内容的层次，把知识要点构筑成像宝塔一样的板书。

第十三，直线式板书。直线式板书也称递进式板书，是用直线展现教学内容的知识点关系的板书，形式简明直观，利于学生掌握知识点及其次序关系。

第十四，辐射式板书。辐射式板书是以某知识点为辐射源，向四面八方散射的板书。因类似中国古代的八卦，故又称八卦式板书，它有利于培养学生的发散思维。

第十五，矩阵式板书。矩阵式板书是将板书内容按矩阵形式展开书写的板书。这种板书能清晰地展现知识结构各要素之间纵横交错的关系。

第十六，立体式板书。立体式板书，即把板书内容设计成立体状所形成的板书。

第十七，思维导图式板书。思维导图式板书也称思维导游式板书，它是将板书内容按发散思维方式书写绘制的板书，有益于培养学生的创造性思维。思维导图式板书可以根据人的联想，随手画一张放射状的图形，并标注关键词。这样的板书，不仅操作性好、快捷，而且能调动人的思维兴趣，活跃人的思维，尤其是联想和想象思维，有助于培养、发展学生的创造性。

第十八，表格式板书。表格式板书是将板书内容以表格形式展现出来的板书。

第十九，形象式板书。形象式板书是运用图形以及必要的文字，展现教学内容的板书。

第二十，寓意式板书。寓意式板书，即运用寓意式的图画提示教学内容的板书。此类板书舍形真而求神似，有深刻的寓意，发人深省。

板书的种类和造型还有很多，教师除了收集、借鉴一些优秀板书外，还可以构建更新颖的板书，从而不断提高板书的艺术水平。

四、教学提问艺术策略的设计

教学提问艺术是指教师以提问的方式，调动学生的积极性，进行师生互动，从而实现教书育人实践活动。在教学过程中，优秀教师总是擅长用其精彩的提问艺术创造问题情境，吸引学生的注意力，引发他们的兴趣，使之入情入境，保持积极学习的心态。

（一）教学提问艺术的主要功能

教学提问艺术的功能多种多样，主要功能如下。

第一，增进师生交流。教学是师生共同参与的双边活动，在这种活动中存在着大量的知识、情感和意向的信息交流。恰当和巧妙的提问艺术，是实现师生互动、双向交流最有效的手段。一个巧妙的问题犹如一条纽带，将师生的认知和情感紧密地联系在一起，构建起师生高效交流的桥梁。

第二，集中学生注意力。巧妙的提问，尤其是新奇的问题，能像磁石般凝聚学生的注意力，使他们处于高度集中的状态，从而使全部智力要素积极投入学习的情境，取得最佳的教学效果。

第三，激发学习兴趣和欲望。精心设计富有启发性的提问，可以激起学生强烈的学习兴趣和求知欲，引导他们积极思考、联想和想象，直到解决问题。

第四，启发学生思维。巧妙的提问可以打开学生思维的闸门，掀起澎湃的思潮，直至有所领悟和发现。

第五，锻炼表达能力。语言表达能力的提高，不能离开一定的语言表达情境及相应活动。通过提问，可使学生逐步学会熟练地组织语言、表达其思想观点，锻炼语言表达的逻辑性和灵活性。

第六，获得教学反馈信息。通过教学提问，可直接获得来自学生的认知、情感和意向等反馈信息，掌握整体和个人的学情，灵活、及时地调整教学策略，不断地提高教学效果。

（二）教学提问艺术的类型划分

教学提问艺术的类型多种多样，按照不同的分类标准，可进行以下分类。

第一，根据教学提问水平的分类，主要包括知识水平的提问（确定所记住的内容，如定义、公式、定理、概念和主要事实等）、理解水平的提问（帮助学生理解、组织所学知识，并能用自己语言叙述）、应用水平的提问（帮助学生应用所学知识解决问题）、分析水平的提问（分析知识结构、因素，弄清事物间的关系或前因后果）、综合水平的提问（帮助学生将所学知识以新的或创造性的方式组合起来，常用于培养其综合能力或创新能力）和评价水平的提问（帮助学生按一定标准判断有关材料的价值）。

第二，根据教学提问的信息交流方式进行分类，主要包括泛指式提问（适用于全体学生）、特指式提问（针对特定学生进行提问）、重复式提问（强调重点、难点，激发学生质疑、解答的积极性）、反诘式提问（针对回答错误的学生提出疑问）及自答式提问（教师自行提问并自行解答）。

第三，根据教学提问的内容结构分类，主要有牵引式提问（把大问题分成若干小问题，先回答小问题，再综合探索大问题）、台阶式提问（将几个连贯性的问题由易至难依次提出，使学生思维逐阶升高）、连环式提问（根据知识内在联系，以疑引疑，环环相扣提出系列问题，步步推进，由此及彼，获得最终解答）和插入式提问（暂时中断教学主线，提出相关问题）。

第四，根据教学提问的具体方式分类，可分为四组八种：直问和曲问、正问和逆问、单问和复问、快问和慢问。

（三）教学导答艺术的策略分析

教师在善于提问的同时还要善于指导回答问题，尤其对繁难问题要善于启发、指导学生思考、回答问题，这是一种教学艺术性策略。有时教师提出一个问题后，学生沉默不语或者答者寥寥，如果教师善于导答，学生就会排除障碍，顺利回答。因此，教师既要会提问，又要善于导答。教学导答艺术的策略主要包括以下几个方面。

第一，分解综合策略。将复杂的大课题化大为小、化整为零，分解为几个小问题，来引导学生一一回答，最终再综合起来解决整体的问题。

第二，举一诱十策略。对答案较多的问题，先举一个答案为例，再逐步引出其他回答的策略。

第三，搭桥指路策略。在新旧知识交会点上发问"卡壳"时，教师不可越俎代庖，替其解困，而应提示思考范围、途径，架起联想之桥，使学生"独立"以旧推新，获得问题答案。

第四，排障清路策略。当学生回答难度较大，出现"卡壳"时，教师可引导、协助学生排除思维障碍，明确思维方向，沿着正确的思维轨迹，找到正确的答案。

第五，迁移接通策略。对于有的问题学生一时答不出来的情况，教师可先让学生体会一下与该问题有相似点或相反点的事物，再采取由此及彼的类比、联想的方式，迁移回溯问题，从而找到答案。

第六，直观提示策略。对抽象的问题可采用实物、插图或现代媒体，给予直观的提示或启发，使学生"茅塞顿开""豁然开朗"。

第七，示意启示策略。有些抽象问题可借助表情、动作等形象表达方式帮助学生理解或领悟，获得答案。

第八，激将挑战策略。冷场时，一句富于激励或挑战性的言语很有可能引发多人来回答。

第九，相反相成策略。故意说一个错误的答案，可能引得多人抢答，从而得出正确或最优答案。

五、德育渗透艺术策略的设计

（一）德育渗透艺术的基本原则

和智育、美育等一样，德育也要重在启迪、引导。不过，德育在实施过程中更要采取渗透艺术策略。德育渗透艺术的基本原则如下。

第一，紧密性原则。在课程教学中，要发现、挖掘并充分利用知智能教育与德育的结合点，既要与学生认知过程紧密联系，又要与学生当前的实际情况密切联系。

第二，启发性原则。德育要靠启发、引导、渗透、移情、陶冶、感染等方式充分调动学习主体的积极性，从而达到"润物细无声"的效果。

第三，示范性原则。学生虽然逐步成熟，独立性越来越强，但仍保持着一定的模仿性，如模仿其崇敬的人物的人格、风度、言行等。因此，每个大学教师都要注重其示范性，为人师表，这比枯燥的说教有效得多。

第四，适宜性原则。在德育渗透的过程中，要充分考虑环境、条件及学生的生理、心理特征，根据各课程的差异，采取适宜的形式在潜移默化中自然渗透。例如，文科类教学可以把德育内容用生动感人的形式再现出来；理科类课程可以靠严谨的推理培养学生求实、求是的科学态度；艺术类课程可以通过审美理想、审美情趣、审美实践等，促进学生养成追求真、善、美的高尚品格和情操。

此外，还要重视适度性、适时性和实效性等原则。也就是德育渗透要适度、适时，方能达到"合度、合情、合理"的自然境界，收到最佳的效果。

（二）德育渗透艺术策略的应用

第一，语言熏陶法。运用绘形、绘色、绘声、富有感染力的语言，对学生进行情感的迁移和默化，明理动心，激发学生热爱真理、树立崇高信仰、献身事业、建设祖国的豪情壮志。

第二，借境感染法。创设浓厚的教学情境，使学生入情入境，受到感悟，获得智、情、意的升华。

第三，理论内化法。以科学的理论启迪人的信念、信仰，促使学生树立正确的世界观、人生观和价值观。

第四，榜样启迪法。以英雄人物、成功人士（科学家、发明家、文艺家、企业家等）的业绩和高尚品质，启迪学生热爱科学、崇尚真理、乐于奉献、积极追求真善美，以积极的心态开展学习、工作。

第五，审美提升法。挖掘课程中的审美因素，培养审美意识和欣赏、创造美的能力，从而提升人的品德与品格。

第六，参观感悟法。组织参观历史博物馆、革命陈列馆及其他各类展馆，并深入大自然，从中受到真善美的教育、事业成败的启发及提升美德修养。

第七，以史为鉴法。以各学科、课程的发展史以及重要理论、方法或技艺发现或发明、创作的来龙去脉，展现人的本质力量、德行潜能，激励学习者的求知欲、创造欲，追求真善美。

第八，弘扬哲理法。深挖并弘扬课程内容中的哲理性内涵，使之内化为学生的做人理论（观念），充实其世界观、人生观和价值观。

第九，为人师表法。以自身的修养和得体的言行带动学生做人、做事。

第十，笃行实践法。德育要靠投身有关实践进行德行的修养。例如，科学实验、社会实践（学雷锋、志愿者等活动）、审美实践等。总而言之，要利用各种机会，开展追求真善美的实践活动。

第四节　教育教学评价体系的设计

一、教育教学评价的功能、类型与原则

（一）教育教学评价的功能

第一，诊断功能。高效的教育教学取决于对学情，即对学生的经验、智能、目标、兴趣、动机和情感的了解。这种了解，可帮助教师正确规划现实的学习目标，并创造适用的学习情境，使学生顺利达到既定的学习目标。学情诊断一般是在课程前通过测验等方式进行的，主要是检查其智能已达到的水平和存在的问题，找出不利因素和有利因素，确定合适的教学目标开展具体的教学目标。

第二，反馈功能。学习受反馈推动的原则，已成为大多数教师的共识。肯定评价可对学生起激励作用，强化学习的主体性；否定评价运用得当，可使学生产生适度的焦虑，强化努力拼搏的迫切性。学习心理学研究表明，当紧张和焦虑的

程度处于中等水平时，学生的学习进展最好。有关学习进步的反馈信息，应有助于维持这种适度的紧张。一般可以通过阶段测验和随时提问、质疑等方式进行。对于教师而言，反馈信息可使其发现或找出存在的教、学两方面的问题，从而修正、调整或改进教学设计，并应用于教学实践过程。

第三，定向功能。测验的内容、题型、方式及评价标准，往往成为学生学习的内容、目标和标准，左右学生学习的方向、重点和时间的分配。若评价标准和测试内容能恰当地反映课程目标（教学大纲）对学生的基本要求，就会正确引导学习的航向，使教学向既定的终极目标迈进。

第四，证明功能。对学习成果或结果的评价，可作为学生掌握程度、智能水平或学习进步的证明。也可在某种程度上"预言"其以后学习或工作的潜能。当然，它还可以作为评价教师教学质量的基本依据；同时，可以作为教育科研人员判定教改计划或研究课题是否有成效的依据。

第五，教学功能。考试或测验本身是学生的一种学习经历和经验，同时，也是一种重要的教学活动。通过考试或测验，可使学生对教学内容进行复习、巩固、澄清、综合，乃至迁移、创新，训练他们的某些基本技能，提高他们分析、解决问题的能力，并养成严谨、认真、求是、探索的精神和态度。

（二）教育教学评价的类型

第一，诊断性评价。诊断性评价主要用来确定学生入学或学习新课的准备程序，并对学生学习进行安置；教学过程中的诊断性评价，主要用来检查学生的学习程度、问题，确定妨碍学习的因素。例如，新生入学进行外语测试，可帮助学生了解各新生学习外语的学情，而后按程度分级教学。

第二，形成性评价。形成性评价极具"前瞻性"，是在教育教学过程中为引导课程教学进程，使教学趋向完善而进行的对学生阶段学习成果或程度的评价。这种评价，对学生和教师都能做到适时反馈，帮助他们分别查出学与教的问题，及时修正或改善，从而达到教学的终极目标。

第三，总结性评价。总结性评价是在课程结束时评定学生学习成绩，检查教学最终效果的"回顾性"评价，它有多种功能。例如，评定学生的学习成绩、预见学生后续学习的潜能、确定学生后续学习的起点、证明学生独立学习的能力和素质、给学生和教师提供重要反馈。

（三）教育教学评价的原则

第一，客观性原则，从测量的标准、方法到评价态度，尤其是最终评价的结果，都应力求符合客观实际，不能主观臆断或掺入私情。

第二，整体性原则，即对组成教学活动的诸方面、各要素做多视角、全方位的评价，不能以点带面、以偏概全。

第三，科学性原则，即在评价标准、体系、程序和方法上做到科学化，不能单凭直觉和经验。

第四，指导性原则，即把评价和指导、促进结合起来，不能就事论事，为评价而评价；不仅要让被评价者了解其优缺点，更要为其今后的发展指明方向。

第五，一致性原则，即采用的评价标准要一致，应将课程计划（教学计划）和课程标准（教学大纲）作为评价教和学的质量标准；在同一范围内（如同一地区、同一学校），对所有评价对象采用同一标准，做到公平公正。

二、教育教学评价体系的形式与程序设计

（一）教育教学评价体系的形式设计

教育教学评价体系的形式设计是为了在教育体系中全面、科学、有效地评估教师的业务能力和教学效果，以推动教育质量的不断提高。教育教学评价体系的形式设计，包括例行式评价和竞赛式评价两种形式。

第一，例行式评价的设计。例行式评价的目的在于通过定期评价，全面了解和掌握教师的业务水平和教学效果。这种评价形式强调公正性，力求客观、公正地反映教师在教学过程中的表现。通过每学年1～2次的例行式评价，此过程，不仅能够及时发现教学中存在的问题，更能够为教师提供及时的信息反馈，帮助其不断改进教育教学方法，促进教学水平的提高。

第二，竞赛式评价的设计。竞赛式评价注重在教育体系中选拔优秀的教师和课型，以树立榜样，推广先进的教育经验。这种评价形式通过竞争机制，激发教师的竞争精神，促使其在教学中追求卓越。通过定期或不定期地举行竞赛式评价，选拔出表现突出的教师和教学案例，并以此鼓励全体教师不断努力，进一步

提高整体教育水平。

（二）教育教学评价体系的程序设计

教育教学评价体系的程序设计主要包括以下五个方面。

第一，阅读材料。组织所有评委学习课堂教学评价指标体系和评价期望标准，熟悉各项指标的要求；详细审阅参评教师的课堂教学设计表（或教案），对照评价表中评价指标逐项的评价期望标准，分析、研究，确定其等级，在评价表中的相应栏内画上"√"；调阅学生课外作业、近期单元测验成绩表、研究性学习报告或成果、课程作业或作品创作等。

第二，听课。一边听课一边对照评价表中与评价指标有关的期望指标，确定各项指标的等级，并在相应栏内画"√"。课后，可与学生简短交谈，了解他们的感受、意见。

第三，填写评价表。整理听课思路，并确定评价表中各指标等级。如参赛者某一方面确有特色、表现突出，可写在备注栏内，并酌情加1～5分。

第四，量化统计。将全部评价结果输入计算机，进行量化统计，并打印出评价结果及参赛者的名次等。

第五，评议总结。组织各种座谈会，通过自评、互评、讲评和讨论等多种形式，使大家认真总结经验、教训，并从中获得有益的启示。

第三章 教育教学设计的现代技术赋能

现代技术在教育教学设计中发挥着越来越重要的作用，赋予了教育更多的可能性和创新性。通过充分利用现代技术，教育教学设计可以更好地适应学生的需求，提高教学效果，培养学生的创新能力和终身学习的意识。本章重点探讨教育教学设计中的信息化思考、教育设计中教学媒体的具体运用和教育数字化资源设计模式研究。

第一节 教育教学设计中的信息化思考

一、教育教学设计中的信息化发展

当今，信息技术在越来越多的行业中得到了广泛应用，并发挥了重要的推动作用。教育作为我国教育系统不可或缺的一部分，在培养高素质专业技能型人才方面具有重要作用。因此，"将信息技术和教育相融合，探索教育新的发展之路，是我国教育的重要发展方向"①。

（一）教育信息化发展的思路

1.坚持实事求是的思想路线

教育信息化自身具有复杂性，其涉及学科门类众多、覆盖领域面广，因此教

---

① 高雅妮. 探寻信息化背景下教育发展与改革 [J]. 大学，2021（35）：24-26.

育信息化发展必须进行充分的实验研究，为综合性信息发展打下良好的基础。教育信息化发展的思路主要包括以下三个方面。

（1）实事求是，以解决问题为中心。在发展过程中充分联系学校自身情况，重点针对发展中面临的具体问题，坚持实验研究与具体操作相结合。

（2）充分动员，取得群众的支持。在发展教育信息化的过程中要做好宣传动员工作，不仅要与群众合作，还要与相关领域的专家做好配合，建立指导、学习、研讨三合一的发展机制，营造宽松的研究氛围。

（3）科学立项、规范管理。高职院校要提前将信息化教育纳入科研项目，进而对相关的研究与实践进行规范化管理。

2.保障信息化资金投入

教育信息化建设所需资金庞大，且周期较长，因此在开展此项工作之前，务必妥善解决资金筹措问题。高等教育信息化领域蕴含着巨大的市场潜力，商机无限。因此，高职院校应更新观念，拓宽视野，以市场经济的视角来运营管理，寻求有助于提高教育质量的合作伙伴。通过多样化的合作模式，构建多元化的投资渠道，将市场机制融入办学过程。

（二）教育信息化发展的特征

教育信息化发展的特征主要有以下四个方面。

第一，数字化融入教育。教育中的数字化是指将数字化的内容引入教学手段、内容及方法中，在教学中尽可能多地以计算机为媒介和辅助。

第二，网络化融入教育。信息网络作为发展最为迅猛的信息技术，对教育改革产生了巨大影响。过去师生面对面开展教学的方式，大部分已经被网络教学替代，各种信息资源可以实现共享，学习在时间与空间方面所受的限制越来越少。

第三，智能化融入教育。目前教育领域已经越来越广泛地使用现代信息技术，智能化工具的普及，不仅提高了教学效率，也提升了教育的智能化水平。在高职的教学过程中，各种智能工具、科技手段及信息技术越来越发达，有的甚至已经能与人工智能相媲美，这些都是教育技术智能化的体现。

第四，共享化融入教育。共享化是指在信息技术快速发展的大背景下，教育领域越来越多、越来越广泛地将各种资源及先进技术进行分享。各类局域信息网及通信设施为这种教育方式提供了坚实的保障，全球各类信息得以汇聚，形成信息的海洋。教师和学生无论身处何地，都可以充分地利用网络学习资源。传统教育壁垒得以消除，教育资源实现共享，教育迈向开放之路。

二、现代教育技术与教育信息化发展

（一）现代教育技术的管理特点

现代教育技术是指当代出现的信息化电子技术引领的现代化教育设施、教育技巧、新的经验和应用方法等，包括投影仪、录音录像设备、互联网，等等。现代教育技术管理是指现代教育技术应用领域的各级管理人员通过计划、组织、协调和监督等一系列的方法、手段和制度来调度所有的资源，协调各种关系，以便有效地达到既定目标的教育管理过程，其主要内容包括教学资源管理、教学过程管理、项目管理等方面。

现代教育技术管理的目的是充分调动教育技术系统内外的一切积极因素，全面提高工作效率和工作质量，发挥系统的整体功能，保证教育技术有效开展，实现教育、教学效果的最优化。作为教育管理的一个分支，现代教育技术管理一方面具有教育管理的一般属性；另一方面还具有一些自身的特点，具体表现在以下四个方面。

第一，从属性特点。现代教育技术管理是整个教育管理系统的一个组成部分。学校的教育技术管理是整个学校教育管理的一个从属部分。尽管教育技术管理在学校管理中占据着重要的位置，但它不能完全取代教学、教务管理。教育技术管理作为整个学校管理的一部分，必须紧紧围绕整个学校管理展开工作，必须为学校管理服务。

第二，开拓性特点。教育技术作为教育领域中的一大新兴领域，发展态势迅速。与之紧密相连的教育技术管理，须具备勇于改革、敢于开拓的创新精神和进取精神。

第三，技术性特点。技术性作为教育技术学的特点之一，主要体现在两个方面：一是对技术活动的管理，如教育技术领域中的项目管理；二是使用合适的技术对教育技术领域中资源和过程的管理。

第四，复杂性特点。教育技术是一个复杂的领域，涉及教育领域的多个方面。因而教育技术管理也涉及教育领域的很多方面。例如，对人的管理、对组织的管理、对硬件资源的管理、对软件资源的管理等，这些管理的对象种类繁多、数量巨大、形式各异，体现教育技术管理的复杂性。

（二）基于教育信息化发展的现代教育技术理论

1.现代教育技术与教学理论

现代教育技术以教学理论为指导，探索解决教学问题的规律和途径。现代教育技术将教学理论作为自身的理论基础，是因为教学理论是研究教学客观规律的科学。教学理论是从教学实践中总结并上升为理论的科学体系，它来自教学实践又指导教学实践。对于现代教育技术而言，解决教学问题必须遵循教学的客观规律，与教学理论建立起一定的联系。

（1）发展教学理论。苏联著名教育家赞可夫的发展教育理论构建了实验教学论体系，对教学与发展的关系作出了科学的解释和确切的论证，并对如何创设最佳的教学体系，促进学生的一般发展做出了精辟的论述。发展教学理论认为教学的目标是促进学生的一般发展，并且要以最好的教学效果促进学生的一般发展。教学要有一定的难度，但也要适宜，应定在学生的一般发展区内，只有教学走在发展的前面，才是优质的教学。20世纪70年代以来的教学改革，使发展教学理论得到实施，并在实施中不断发展，为今天教学活动设计中教学目标的制定奠定了坚实的理论基础。

（2）教学最优化理论。苏联教育家巴班斯基的最优化教学理论认为：①应该把教学看作一个系统，用系统的观点、方法来考察教学；②教学效果取决于教学诸要素构成的合力，对教学应综合分析、整体设计、全面评价；③教学最优化是指在一定的条件下，用最少的教学时间取得最大的教学效果。按照教学最优化理论的观点，"最优的"一词具有特定的内涵，它既不等于"理想的"，也不同于"最好的"。"最优的"是指一所学校、一个班级在具体条件制约下所能取得的最大成果，也是指学生和教师在一定场合下所具有的全部可能性。

教学最优化理论对教学过程的各个环节做了新的划分，认为应按一定的顺序安排课堂教学：提问—讲解—巩固—检查新知识的掌握情况—复习已学过的知识—概括这些知识并使之系统化。具体实施方法如下：①综合考虑任务，注意全面发展；②深入了解学生，具体落实任务；③依据教学大纲，分清内容重点；④根据具体情况，选择合理方法；⑤采取合理形式，实行区别教学；⑥确定最优进度，节省师生时间。由此可见，教学过程最优化不是具体的教学方法或教学手段，而是一种教学的方法论、教学策略。

教学最优化理论采用系统方法对教学过程进行了深入探讨和全面分析，科学地揭示了教学活动的内在规律，为教师提供了优化教学方案和有效组织教学过程的有力依据，从而实现了卓越的教学成果。这一理论充分体现了系统方法和绩效技术的核心理念，对我国教育技术发展具有重要的指导意义。教学最优化理论的研究和发展为现代教育技术提供了丰富的科学依据。教学理论研究的范围涉及诸多方面，其研究成果极其丰富。现代教育技术从其指导思想到教学目标、教学内容的确定和学习者的分析，从教学方法、教学活动程序、教学组织形式等一系列具体教学策略的选择和制定到教学评价，都从各种教学理论中汲取精华，综合运用，寻求科学依据。

2.现代教育技术与学习理论

现代教育技术需要以学习理论为指导，探索提高学习质量的规律和途径。当前，现代教育技术正以学习科学为中心，集各学科之所长，共同解决人类学习问题。在现代教育技术的众多理论中，学习理论是最为核心的理论基础。学习理论是心理学的一门分支学科，是对学习规律和学习条件的系统阐述，其主要研究人类和动物的学习行为特征和认知心理过程。由于人们的观点、视野和研究方法各不相同，因而形成了各种学习理论流派。其中，行为主义学习理论、认知主义学习理论和建构主义学习理论在现代教育技术的发展历程中起到了关键作用。在施教过程中教师应该了解这些学习理论的主要思想，树立科学的学习观，并以此为依据，为学生学习创设最优化的条件和环境，从而真正发挥现代教育技术促进学习的作用。值得注意的是，每种学习理论都有其适用的情景和合理性，应该博采众长，更加全面深刻地认识这些学习理论，并服务于学习。

（1）认知主义学习理论。行为主义理论在斯金纳时期达到鼎盛，在此期间，认知主义学习理论与行为主义学习理论展开了激烈的辩论。最终，认知主义学习理论获得认可。认知主义学习理论与行为主义学习理论的根本区别在于，认知主义学习理论关注的是人类的学习过程，强调学习者的内心心理活动，这与行为主义学习理论仅关注外在行为、忽视心理过程的观念形成鲜明对比。认知主义学习理论的代表人物有苛勒、布鲁纳、奥苏贝尔、加涅等。认知主义学习理论主要包括以下四个方面的内容。

第一，格式塔学习观。格式塔学习观认为学习不是行为的联结，而是组织一种完形。学习过程中问题的解决，都是由于对情境中的事物关系的理解而构成一种完形所实现的。同时，其认为学习是由顿悟实现的，即学习过程不是渐进地尝试错误的过程，而是突然领悟的，所以格式塔的学习理论又称顿悟说。

第二，认知发现学习理论。认知发现学习理论认为，学习的实质是学生主动地通过感知、领会和推理，促进类目（一组相关的对象或事件）及其编码系统的形成。他强调学习是指掌握知识结构，即学习事物间是相互关联的。同时，认知发现学习理论强调学习一般原理的重要性，认为应该培养学生具有探索新情境、提出假设、推测关系、应用自己的能力解决新问题、发现新事物的态度。由此，布鲁纳的认知发现学习理论提倡发现学习，主张教学应创造条件，让学生通过参与探究活动而发现基本原理或规则。认知发现学习理论的步骤包括：①从学生的好奇心出发，提出和明确使学生感兴趣的问题。当学生面临新问题、新情境时，在思维中会产生某种不确定性，于是就会出现试图探究的动机。②围绕问题，向学生提供有助于问题解决的材料或事实。③协助学生对有关材料与事实进行分析，让学生通过积极思考，提出各种解决问题的可能途径和假设。④协助和引导学生审查假设。用分析思维去证实结论，使问题得以解决。发现式教学不仅有利于学生所学知识的保持，而且有利于培养学生发现问题的方法与技巧，更有利于培养和激发学生内在的学习动机，有效提高学生的认知能力。

第三，认知同化理论。认知同化理论认为，有意义的学习应该是学习者的已有观念与外来的新知识在相互作用中建立的实质性的、自然而然的联系。有意义的学习需要新旧知识相互碰撞，在碰撞的过程中，新信息与旧的认知结构、认知信息之间实现了意义同化。首先，有意义学习的外部条件是材料本身必须具有逻辑意义，有逻辑的材料能够与个体认知结构中已有的概念建立起自然而然、实质性的联系。自然而然的联系指的是外来的新知识和个体认知中的已有概念在逻辑上产生的合理联系；实质性的联系指的是新符号或者新符号代表的理念和个体认知中原有的符号、表象、概念之间建立起的联系。其次，实现有意义学习需满足三个内在要素：①学习者需具备产生有意义学习的主观意愿与倾向；②学习者本身应具备一定的知识储备作为实现有意义学习的基石；③学习者需有意识地将新知识符号与既有知识体系进行联系，促使二者产生互动与交融。

第四，信息加工理论。信息加工理论认为，学习应该是一个闭合的过程，在这一过程中存在很多阶段，不同的阶段需要开展不一样的信息加工。在不同的信息加工阶段存在不同的事件，主要包括学习事件和教学事件。学习事件形成于信息的加工过程中，主要指形成的信息加工理论结构。教学事件指的是在教学的过程中形成的事件，因为教学过程需要根据学习的进展展开，从而达到影响学习过程的目的。所以，教学过程需要与学习过程相对应。教学事件是学习事件形成的外部条件，教师需要掌控和合理安排教学事件，通过外在条件的控制实现教学的目的。

信息加工理论对学习模式进行了如下阐述：信息加工理论认为学习模式是对学习结构和学习过程的说明，信息加工理论有助于教学、教学过程、教学事件的安排，对于教学、教学过程、教学事件的发展具有重要意义。加涅在信息的加工学习模式中指出，加工学习模式有两个重要结构，即执行控制与期望事项，这两个结构的存在可以改变或促进信息流的加工。其中，期望事项指的是学生对目标的期望，也就是学习的动力，教师应该根据学生对学习的期望给予相应的反馈，只有这样反馈才会发挥作用。执行控制指的是学习模式中的认知及策略，执行控制决定的是哪些信息可以通过感觉登记区域进入短时记忆区域及信息如何进行编码、如何提取。在信息加工学习模式中，执行控制和期望事项两个结构发挥着巨大的作用。

（2）建构主义学习理论。建构主义学习理论是行为主义发展到认知主义后的进一步发展，其自20世纪90年代应用于教育领域以来，一直备受推崇。建构主义的学习理论的最早提出者可追溯至瑞士的著名心理学家皮亚杰，皮亚杰坚持从内因和外因相互作用的观点来研究认知发展。建构主义学习理论认为，学习过程是符合建构主义理论的。人们对于外界事物的理解与接受要通过自身认知结构的认可，换言之，学生学习不是单纯听教师传授，而是需要学生通过教学互动、教学传授在自我认知结构中进行建构。

建构主义学习理论认为，学习是一种协商的过程，由于个体的个人经验、个人经历存在差别，所以个体对世界的感受和看法各种各样。要想达到学习的共识，必须经过协商及不断磨合。学习是一种真实情境的体验，只有在真实世界的情境中才能使学习变得更加有效。学生在真实情境中如何运用自身的知识结构解决实际问题，是衡量学习是否成功的关键。

建构主义的学习理论强调，学习过程实质上是知识建构的过程。知识建构发生在个体与外部环境之间，不同个体对知识的建构成果必然存在差异。因此，个体对知识的正确性与错误性的判断具有相对性。除此之外，建构主义学习理论还认为教师只是知识的传授者，真正的知识建构取决于学习者自身的认知结构，学习者只有自我主动进行知识转化才能获得知识。因此，学习环境的主要要素有情境、合作、意义建构及会话。

现代教育技术将建构主义学习理论的很多思想转变为现实。例如，利用多媒体创设情境，通过提供丰富的学习资源和便捷的学习工具，来支持学生对内容的自主建构等；在课件制作中，建构主义各种认为教学及学习的重点应该是学生，在教学过程中应该进行身份的转换，将学生从知识的被动接受者转变为知识的主动加工者、建构者。除此之外，教师也应该进行身份转换，由传统的传授者转变为学生学习建构的帮助者。

3.现代教育技术中的多媒体技术

（1）多媒体的认知。多媒体的定义可以从两方面来理解：首先，多媒体是多种媒体数据的融合；其次，多媒体是多种技术、多项业务的融合。多媒体的功能是非常全面的，如果一台计算机不能处理包括伴音在内的电视图像，那么它就不能算作多媒体计算机。

从传统意义来看，声音的处理属于通信技术领域，电视图像的处理属于电视技术领域，而多媒体计算机实际上就是将计算机的应用同时扩展到了通信与电视技术这两个领域。这样一来，计算机就可以传送包括伴音在内的电视信号，目前，这种通信手段对数据量的传送达到了最大限度，其他小数据量的业务，如电话、传真、远程教育等都能借助多媒体计算机轻松完成。

多媒体技术汇聚了众多领域的技术，其主要构成可分为两大类：一是偏硬件技术方面，二是偏软件技术方面。偏硬件技术的多媒体主要通过计算机将投影屏幕、录像机、语音及音响合成器等电子媒体整合为一个协同运作的整体，这些电子媒体之间能够互动、连接；偏软件技术的多媒体则利用计算机，充分发挥数字化技术的优势，将文本、图形、图像和声音融合，同时进行全面、实时的展示，致力于实现人机交互。

具体来看，多媒体硬件系统的组成要素主要有四种：一是CD-ROM驱动器，它是多媒体计算机的重要标志；二是A/D和D/A转换功能，只有具备这一功能才能使语音信号与数字信号实现相互转换；三是高清晰的彩色显示器，显示器主要用于展示图像、文字、动画及影视节目等；四是数据压缩与解压缩的硬件支持，如果不具备这一要素，多媒体计算机就无法处理图像、声音等大数据量的信息。

（2）多媒体技术的特性与发展趋势。多媒体技术也称为多媒体计算机技术，它是一种新型的、具有交互性质的计算机技术，主要用于处理各种复杂的媒体信息，包括文字信息、声音信息、图形信息、图像信息及视频信息等，该技术可以使各种媒体信息相互联系、相互融合。以下从多媒体技术的特性和多媒体的发展趋势两方面具体分析。

第一，多媒体技术的特性。多媒体技术的特性见表3-1。

表3-1　多媒体技术的特性

类别	内容
多维性	多媒体技术具有多维性，这不仅体现在它能够扩展信息处理的范围与空间，还体现在对输入信息的加工、创作方面，同时它也可以增强输出信息的表现能力与表现效果。例如，在多媒体体育教学中，学生除了学习文本知识内容、观察静态图片图像外，还可以借助多媒体技术观看正确的动作示范，这有助于学生从多个角度了解、把握动作
集成性	多媒体技术具有集成性，它可以将各种文字、声音、图像等媒体信息集合起来，对其进行有机组合，进而得到完整的、全面的多媒体信息。此外，多媒体技术的集成还包括媒体设备、媒体工具的集成，如计算机系统与音响、视频设备的集成。总而言之，多媒体技术就是把各种媒体信息、媒体设备有机结合起来，最终实现声音、文字、图像、视频的一体化处理
交互性	多媒体技术具有交互性，具体而言，就是人与人之间的交互、人与机器的交互及机器与机器之间的交互，也可以理解为人机对话功能，即多媒体技术可以与使用者进行沟通。交互性是多媒体计算机与传统电视、音响设备之间的区别所在。面对传统的电视机，人们只能被动地接收其输出的信息，观看其设定好的节目，而面对多媒体系统，人们则可以按照自己的喜好与需求，自主选择、搜索、观看甚至参与节目的播放与设计

除了上述特性，多媒体技术还具有实时性、分布性、综合性等特性。多媒体技术的实时性是指，在处理一些与时间相关的信息时，处理过程中的人机交互操作、显示、检索等操作都要实时完成；多媒体技术的分布性是指，多媒体的数据、素材分布在不同的时间、空间中，其应用也分布在不同领域，这就要求多媒

体产品的研发要引入各个专业领域的人才；多媒体技术的综合性是指，要将各种媒体信息、媒体设备整合成一个整体，进而发挥整体的作用，产生综合的效应。

第二，多媒体技术的发展趋势。

首先，多媒体技术的多元化。多媒体技术的多元化不仅代表应用领域的多样化发展，它更是指技术水平的全面进步与提升，实现了从单机系统向以网络为中心的多媒体应用的转型，有力地解决了在传统技术条件下面临的种种问题。随着多媒体整体技术水平的不断提高，用户的多元化需求得以有效满足。在未来，多媒体技术将继续朝着有益的方向发展。

其次，多媒体技术的网络化。计算机网络技术涉及的信息量较多，将多媒体技术与计算机网络技术实现有效管理会构建出更全面、更完善的信息网络平台，能够便于大众开展工作生活交流。从客观角度来说，多媒体技术网络化发展的前提是通信技术的发展，正是基于二者的融合发展，促进了多媒体技术在各个领域的有效应用。通过使用具有交互性、动态发展的多媒体技术能够打造出立体形象的三维场景，实现办公、娱乐的有效结合，也能够随时随地开展高质量的视频会议。随着计算机无线网络的进一步发展，个人区域网络、无线宽带局域网等都会促进多媒体软件的开发，进一步打造网络时代新的发展浪潮。

最后，多媒体终端的部件化、智能化和嵌入化。现阶段，多媒体技术应用最广泛的领域是智能家电领域。在多媒体计算机硬件及软件持续升级的前提下，其整体的性能有了明显提高，多媒体终端设备智能化水平显著提升，如文字/语言的识别和输入、机器人视觉和计算机视觉等智能。"信息家电平台"这一概念，使多媒体终端能够集合家庭购物、办公、医疗、教学等各个领域的应用，这也是下一步多媒体终端的发展方向。

（3）多媒体课件的制作原则与流程。

第一，多媒体课件的制作原则。多媒体课件的制作原则见表3-2。

表3-2　多媒体课件的制作原则

类别	内容
教育性原则	多媒体课件的教学内容要符合教学大纲的要求，同时还要满足教育心理学的要求
科学性原则	多媒体课件中的理论原理、定义概念都必须准确无误，相关的教学素材、观点论据都要符合科学，足够真实，具有逻辑性
技术性原则	教师要熟悉制作多媒体课件的各种功能，及时学习新技术与新设备的使用，按照技术标准完成课件的制作
艺术性原则	多媒体课件要具有一定的艺术性，能够感染学生、带动学生的情感，因此在构图、色彩、布光的安排上要做到主题鲜明，为学生带来一定的感官刺激
适度运用原则	多媒体课件在教育教学过程中主要为辅助性质，教师可凭借多媒体课件为学生构建情境，激发学生的感官感知，激发他们的积极性和主动性，进而提高教学效果。不过，运用多媒体课件需秉持适度运用原则
适度信息量原则	多媒体课件的制作要合理组织信息资源，为学生提供适当的信息量，着重解决教学内容中的重难点，拓宽学生的学习视野。有时过多的信息量有可能让学生找不到重点，模糊了学习的主要方向，因此要遵循适度信息量原则
创新性原则	多媒体课件的制作要注重创新性，不能照搬照抄，要求制作者有自己独特的构思、巧妙的设计

第二，多媒体课件的制作流程，见表3-3。

表3-3　多媒体课件的制作流程

类别	内容
课件的选题	制作多媒体课件首要的就是选题。在选择课题时，要充分发挥多媒体技术的优势，选择适合多媒体课件的课题；要选择有助于提高教学效率的多媒体课件课题，辅助教师与学生的教学、学习活动；要选择能够落实教学目标、突出教学重点的课题
素材的准备和处理	在多媒体课件制作过程中，素材的准备与处理同样至关重要。恰当且丰富的素材能够使课件更加饱满，呈现出优异的表现效果。素材的选择应该突出主题，不必拘泥于形式。针对不同形式的教学素材，教师可以采用不同的计算机软件对其进行处理

类别	内容
创作设计	教师收集了足够的素材之后，就要借助制作工具把这些素材变成多媒体课件，制作完成之后还要进行一定的试运行检验，根据检验评价及时做出修正。一份多媒体课件的教学效果还会受到制作工具与制作者本人对软件熟悉程度的影响，工具的性能越好，制作者对软件越熟悉，制作出来的课件就越优质
多媒体工具的选择	根据教学内容与教学需求选用合适的编辑软件。如果制作教学内容较简单、动画展示较少、图片内容较多的课件，可以选择PowerPoint软件，其操作性强，展示效果也好；如果制作动画展示较多、内容较复杂的课件，可以使用一些功能较多的编辑软件
程序脚本的设计	程序脚本的设计是制作多媒体课件的重要步骤，它实际上就像剧本一样，是程序运行的文字表现形式，在制作课件之前要将主程序、分支运行的过程步骤详细地描写出来，然后在此基础上组织教学素材。在具体的程序脚本设计过程中，教师可以灵活地运用各种表现形式，如某一部分只需文字表述即可，某一部分则需要用图片表现，还有一些部分可以加入音乐、视频等。最后，教师要将这些想法全部用文字整理记录下来，形成一份完整的、详细的多媒体课件程序脚本。可见，程序脚本相当于多媒体课件的"骨骼"，它为多媒体课件制定了整体的框架，课件的运行方式、交互方式等
打包及网上发布	多媒体课件最终是要应用到教学活动中的，因此，制作多媒体课件的最后一步就是对其进行打包，并发布到网上，便于他人采用。教师可以将课件保存在移动设备或者光盘上，这样即使脱离了制作课件的环境，也可以正常使用课件。或者选择把制作软件上传到网上，师生可以直接从网上下载使用，进而使多媒体课件变成网上教学软件

三、教育教学设计中的信息化建设及展望

如今，很多学校对信息高速公路的建设倾注了大量的心力，促进了信息化技术在学校中的深入运用，使得职业教育信息化发展成为一种趋势。其主要体现在以下三个方面。首先，具备了良好的硬件建设基础。各个级别的学校大都被校园网络覆盖，而且和地方教育信息网、中国教育科研网、中国公用计算机互联网等网络联系密切，同时各级别校园也基本完成了多媒体教学设施的建设，为高校的信息化发展创造了条件。其次，开始了全新的数字校园建设。各个学校在教学、

科研、学生等信息管理系统的建设中得到了完善，共享数据中心目前已处于建设阶段，这为数据共享的实现提供了机会，促进了数据集成和服务集成的形成，在信息化技术的促进下，其教学管理水平也得到了显著提升。最后，促进了信息化教学资源的丰富化发展。学校在教学中广泛运用多媒体技术和仿真技术，对教育理念形成了较大的影响，有利于教学方法和教学资源的多元化发展，并对教学组织有着改善作用，能够有效提升职业教育的效率和质量。

（一）教育教学中信息化建设的问题

目前教育信息化建设中遇到了一些困难和问题，尤为突出的就是在学校教育管理和教育资源信息化建设等方面有所体现。且还没有得力的顶层设计和统筹管理能力，在日常教学中还没有深入地运用到信息技术的优势，而且教育信息化还没有紧密地联系企业和行业发展需求，教学资源的开发利用程度不到，没有充分地发挥教育的服务社会功能和价值等。当然，尽管各个专业和各种类型的教学资源库和精品课程不断推出，不过其不足也是显而易见的，主要表现在以下三个方面。

1.基础设施较薄弱，资源结构需完善

（1）网络基础设施不健全。在经济相对发达的地区，学校已基本实现校园网络全覆盖，但网络配置水平尚待提高。尤其在出口宽带方面，供应不足现象较为明显。此外，部分校园区域，如实验实训室、图书馆、教室及办公室等，尚未全面纳入网络覆盖范围。经济欠发达地区的学校校园网建设则严重不足，其建设任重而道远。

（2）信息资源结构性匮乏。从整体上来说，教育信息资源层次有限，且重复性建设和单机课件、文档资源及接受性资源为主等是其主要特征，缺乏充分的媒体资源、互动性资源和网络课件。并且信息资源和课程的深入整合较缺乏，一般都停留在"可视化"的教学层面。

2.专业人才不足，应用水平需要提高

（1）人才总量不足。从宏观的角度来看，教育信息化部门和编制人员不足也是一个显著的问题，没有足够的信息化管理和研究力量来支持其发展。另外，学校在组织、实施及服务支持上都有所欠缺。从学校的角度来看，虽然专业师资队伍建设比较强劲，但是没有配备足够的信息化专业人员，有些学校还没有建立专门的信息化管理部门和岗位，信息化建设管理队伍能力不足也在很大程度上制约了教育信息化的发展。

（2）专业技能不强。教育信息化和普通高等教育不同的是，它缺乏必要的资源开发、成果评价、应用推广、标准制度及相关政策研究来予以规范，而且没有较好地进行信息技术和课程整合的开发、培训和推广等。信息化建设管理和技术人员的专业素质都非常有限，而且多数都是由非专业人员来担任管理者，并聘请合同工和计算机教师来兼任技术人员，这对教育信息化建设的管理、指导和规划都产生了一定的抑制作用。

（3）应用水平不高。院校在教育教学、管理和科研等领域中使用多媒体信息技术的程度普遍不高，且课程和信息技术的整合度也非常有限。很多学校还只是通过计算机来显示教材或教学资源，无法有效地整合优质的课程资源、仿真教学软件等，而且在教学中没有突出学生的主体地位，其探究性学习和协作性学习的引导力度不够。

3.信息化建设资金不足，投资机制需完善

（1）标准尚不完善。目前教育信息化建设的导向性、标准化和规范化建设都还比较欠缺，各个学校在建设项目时较为盲目和随意，浪费了大量的人力、物力和财力，没有高效率地使用经费。因此，根据教育的层次、特征来进行规范化的教育信息建设是刻不容缓的任务。

（2）财政投入不足。近年来，由于缺乏必要的职业教育信息化建设项目和经费，使得教育信息化的推进非常困难，因为没有足够的专业化人才、资源结构及基础设施来支持其长远发展。

（3）投入机制不活。教育信息化的发展需求庞大，资金投入多，仅依赖财政经费远远不够。为实现基础设施和资源建设的全面发展，必须拓展多元化资金来源，包括企业捐赠、基金会支持及国际合作等。当前，信息化建设资金筹集途径相对有限，政府主导作用及社会参与机制尚待完善，相关政策支持也亟待出台。

（二）教育教学中信息化建设的对策

对教育信息化建设过程中存在的问题，如果不加以重视和改进，势必会影响教育信息化及现代化的进程，因此必须采取有效措施提高教育信息化的建设效益和水平，促进教育的长久发展。

1.统筹规划教育信息化工作

教育信息化建设应以提升教育教学质量、培养符合经济社会发展需求的技术技能型人才为目标；以建设稳定高速的网络环境和丰富优质的数字化教学资源为基础；以搭建教育资源共享平台和岗位技能培训公共平台为核心；以信息技术与课程的深度融合创新为突破口；以健全教育信息化建设管理体制机制为保障，建设适应地方经济社会发展需求、具有终身教育特色、满足学习型社会要求的现代教育信息化服务体系，使信息技术在改革教育人才培养模式、提高教育服务社会能力、建立现代职业教育体制机制等方面发挥重要作用。要坚持"统一规划，共建共享；以人为本，服务学习；深入应用，突出绩效；全面融合，特色发展"的原则，以教育信息化促进职业教育现代化。

2.加强教育信息化基础保障

（1）建立教育信息化标准体系。为有效解决"信息孤岛"[①]问题，促进信息资源的共建共享，应依据不同信息类型的特征建立和完善符合教育特征的信息化标准，并在此基础上促进数字化教学资源建设。

（2）探索教育信息化的新机制。为了促进信息化建设科学有序的发展，学校需要对区域进行统一规划、统一管理、统一标准和统一协调；科学合理地评估资源的开发应用，并建立绩效评价机制，以促进教师积极主动地参与信息系统的运行管理；为了吸引企业的积极参与，可以让企业通过合作获取一定的社会效益和经济效益；加强对信息化教学资源产权效益分享机制的健全和探索，为信息资源版权提供必要的保护，加强对软件著作权的认可，使信息化项目开发者可以享受到合理的权益。由政府或院校单独设立教育信息化建设经费，为教育信息化建设提供资金支持。同时，还要大力引进行业和企业参与进来，促进投入格局的多元化发展，并为其建设提供稳定可靠的经费来源。学校要加强和加大对教学资源的建设和维护力度，并确保有足够的经费来支撑信息技术的应用、推广及安全建设等；科学合理地分配教学硬件、软件、运维服务和人力资源等各个方面的投入比例，确保高效益的产出。学校要结合专兼职来促进职业教育信息化专业队伍的

---

① 信息孤岛是指相互之间在功能上不关联互助、信息不共享互换以及信息与业务流程和应用相互脱节的计算机应用系统。

建设，并给予一定的人才配备，提升其待遇和职称晋升，以确保信息化管理、建设和服务支持的顺利进行。学校要促进教育信息化技术的应用开发团队的建立，借助无线网络、云计算、虚拟化和物联网等信息技术的优势进行新技术的研发，并在教学工作中予以借鉴和运用，将教师打造成教育信息化建设的主要力量。

（3）发挥学校在信息化建设中的主体作用。学校要充分发挥院校信息门户的平台优势，在整合信息资源和服务过程中，以用户需求为核心导向，实现教育信息的优化配置。进一步推动数字化校园的建设，确保信息资源中心的价值及优势得到充分体现。相关部门也要规范并整合学校的优势资源，促进职业教育信息化服务体系的建立健全。

3.推动数字化校园建设深化

随着信息时代的到来，数字化校园应运而生，作为建立在网络之上的一种信息化手段，促进了整个教学过程的数字化发展。数字化校园的特征在于其复杂性、庞大性，因此数字化校园建设不但要进行必要的硬件设施建设，而且需要涵盖教育、管理、服务及教学等各个方面的软件建设。学校在构建这一系统中要充分遵循软硬并重、分步实施、重点突破及统一规划的原则，满足教师、学生及家长的不同需要。另外，还应该相应地加强生活服务、个人服务、社会服务及教学服务等模块的建设。

除此之外，数字化校园是基于校园网站运行的，它是学校信息交流不可或缺的重要内容，是提供所有数字化服务的平台和载体，代表着学校的形象和窗口。因此，在校园网站主页的建设中要遵循合理、实用、美观等原则。此外，学校应对数字化校园建设的各项管理制度予以完善和改进，为数字化校园的建设保驾护航。

4.加强教育信息化平台建设

（1）完善教育信息化的标准建设。充分发挥政府引导及科研实力，在重大信息化工程项目的推动下，充分利用教育与产业领域的优势，遵循现有标准规范，开展各类资源与设施建设。此举旨在推动信息化建设的标准化与规范化发展，促进信息资源共建共享，缩小城乡差距，确保教育平衡稳定发展。此外，为推动教育信息化国际交流，有必要积极参与教育信息化国际标准研究。

（2）开展教育信息化基础设施建设。充分利用卫星电视网络、教育专网及互联网等技术优势，形成对教育信息化骨干网建设的强大推力。在综合信息基础设施的完善方面，可以利用传感网络、5G移动网及物联网的技术优势，促进网络转型的推进。在虚拟实验室、多媒体演播室和多媒体计算机教室的基础上进一步加强广播电视设备、校园管理控制系统、远程教育网络和校园网络的建设和完善，对网络结构予以优化，加强多层面网络的融合和发展。

（3）开展教育信息服务平台建设。学校在便捷化服务的原则下促进教务管理系统、网络教学系统、信息发布系统、数字图书系统、后勤服务系统、一卡通系统及办公自动化系统的建设和完善，促进教学平台、管理平台、政务平台等各种职业教育信息化的发展，确保教育教学的个性化发展。在数字化实训系统的基础上开发仿真实训平台，让实训室建设的信息化水平得到显著提升，并降低相关的实训投入成本。

5.完善教育信息化人才培养

（1）信息化管理人员队伍的配备及职责。学校要充分重视信息化科学发展和信息化人才培养，为有效提高教育信息化管理人员的综合素质和技术水平，需要采取继续培训和补充人才的双重方式来促进专业队伍的打造。对信息化管理人员的协调服务和技术维护职责予以明确，并在系统开发、安全维护、事务统筹及发展规划上充分发挥信息化管理人员的积极作用，确保信息化系统的顺利运行。

（2）教师信息技术能力标准制定及实施机制。在构建教育教师信息技术能力标准时，需要以教育特性与需求为依据，兼顾信息化发展趋势，对教学管理与技术人员在意识、态度、知识及技能等多方面提出要求，明确其信息技术能力并颁发相应等级的资格证书。年终考核、名师评选及职称评定等方面，可依据虚拟实训室、网络课程及多媒体课件的成果进行评价与比较。

（3）教师信息技术能力培训和发展机制。随着信息化时代的到来，终身学习机制和教师专业发展的关系越来越密切，学校应该对教师信息技术能力进行培养，并通过实践予以强化，这样才能及时地更新其教育思想、观念和教学方式等。通过高度整合信息技术和课程，促进教学模式、教学方法和信息技术环境的协调性发展，积极促进学生自主性学习和探究式学习方式的形成，以促进教学质量和教学效率的不断提升。为了提高教师终身学习的信息化水平，相关部门应该积极地建设和完善覆盖城乡的信息化学习支持服务平台。

（三）教育教学中信息化建设的展望

1.完善教育信息化建设经费筹措与监管机制

（1）对建设信息化的多元经费筹措机制进行完善。在经费的分配中，加大经济落后地区和中西部地区的财政投入力度，促使各级政府能够按照比例和各自的责任投入经费，设立逐年增加的教育信息化工程专项经费。从民间团体、行业企业及各种社会力量处吸取捐助，依照社会化措施和政策性倾斜加以采用。积极推动投资融资的信息化改革，促使基金会等组织发挥各自作用，建立多元经费筹措机制，包括学校与企业、政府与企业，通过市场融资，政府负责投资，学校筹资，使企业教育信息化在物质基础足够的情况下实现可持续发展。

（2）对教育信息化建设经费加强监管。以高效和节约为原则，加快建设财务管理信息化系统，通过规范管理保证教育信息化建设经费有序投入，同时对使用经费的过程和统筹规划加强管理。以全国为范围统计调查职业教育信息化经费的需求情况，在各级财政经费预算的制定方面，需要考虑教育和财政经费的总量。必须建立统一的财政账户来容纳社会力量和行业企业的捐款。对培养队伍、开发资源、建设基础设施所需要的经费进行合理分配，严格执行政府的统一结算制度和采购程序，避免出现经费的滥用。通过建立更加严谨的审计制度，科学评估经费使用的效益性和合理性，对失责行为进行严肃的追究。

2.构建教育信息化建设监控与评价工作机制

（1）制定评估教育信息化建设水平的标准。在评建结合、以评促改、以评促建原则的基础上，对评估教育信息化建设的工作进行推进。通过研究制定更加完善的评估体系，制定各项评估标准，在此基础上，综合评价网站建设、人才队伍、远程教育、应用系统等各个方面，并在地区现代化与学校考核的内容中纳入这些评价。

（2）建立监控教育信息化建设的运行机制。明确高职院校和地区信息化建设状况的审查评估主体为省级相关部门，学校信息化建设的审查评估主体为地市相关部门，各个主体将结果报告到信息化领导小组办公室和同级教育行政部门，保证良性均衡的教育信息化发展得以实现。

3.借鉴成功经验，加快教育教学的发展步伐

在教育与教学中，信息化建设已成为一项重要的改革举措，其目标是通过合

理配置教育资源和结合科技的优势，实现跨时空共享教育资源，并促进教育的全面发展。借鉴成功经验和利用多媒体等信息技术整合现有的教学资源，不仅能丰富技能和知识的展示平台，而且能够使学习过程更加生动、有趣、灵活和主动，从而激发学生的学习兴趣和热情。通过不断更新学习方法和内容，提高培养技能的效率与质量，是信息化建设的关键一环。在此基础上，借助网络技术的优势，教育可以远程进行，突破时空限制，实现教育形式的多样化。这种多样化的教育形式不仅能够结合多种教育资源的优势，还能促进教育资源的精华传播，使学习变得更加开放和多样化。

自主和个性化学习是现代教育发展的重要趋势，在现代化和信息化远程教育手段的运用中，这一趋势将得到进一步的推动。通过自主学习和个性化学习，学生能够按照自己的节奏和兴趣选择学习内容，进而培养其自主学习的能力。这种教育方式有助于树立终身学习的理念，推动教育向更广泛的群体扩展，包括全日制学生、社会上愿意学习的各个群体和远程学习者。在这个过程中，信息化教学的对象不仅局限于传统的课堂教育，还包括社会上愿意继续学习的各种主体，如在职人士、社会各界的专业人士，以及渴望学习的远程学员。这种教育方式的多样化和开放性，将使教育投入产出比得以提升，从而实现大规模教育和高质量教育服务的目标。

四、教育教学设计中的信息化资源共建共享

教育信息化被视为教育转型与发展的重要方向，因此推动信息化教学的实施至关重要。然而在实际推进信息化资源建设的过程中还存在诸多问题，由于缺乏协同共建的观念与机制，影响了资源的高效利用，不利于提高教育的整体质量。因此，当务之急是针对信息资源共建共享展开全面化、系统化的研究，做好顶层设计与建设，完善相关措施和机制，促进共同建设和共同享受资源建设成果。只有这样，才有助于教育信息化资源的优质化，真正实现教育公平和均衡发展，从而推动我国教育整体质量的提高。教育教学设计中的信息化资源共建共享主要有以下路径。

（一）做好教育信息化资源设计与系统建设

为了实现教育信息资源的共建共享，要从宏观角度出发，进行全面性的顶层设计与系统构建。这意味着需要统筹规划，深入了解教育的特性和信息资源的需求，以明确资源建设的具体目标和任务。通过这种整体性设计，教育信息资源的共建共享才能在更大范围和更深层次上得到实现。在此基础上，有针对性地整合各类资源，构建资源库。这一过程需要借鉴多种来源的信息，如学科专家的专业知识、前沿的学术成果、丰富的教学案例以及各类多媒体资源等。资源库的建设不仅要满足不同层次、不同学科的需求，还要适应不同年龄和背景的学习者。因此，在构建过程中，需要持续对资源进行优化和完善，以确保资源的质量和时效性。

在信息化资源建设过程中，科学架构系统至关重要。这包括系统的搜索功能、内容功能、使用方法等方面。完善的功能设计可以确保系统的适应性，方便用户快速找到所需资源。同时，系统还应具备智能化和个性化的特征，根据不同学习者的需求和学习习惯进行资源推荐，提升学习体验。信息资源系统与教学系统的链接也是不可忽视的重要环节。通过这一链接，教育者可以根据学生在理论与实践学习中的表现展开测评。这种评估手段有助于全面掌握学生的学习状况，从而发现每个学生在学习中的不足之处。通过信息化系统和平台的推荐机制，可以根据学生的兴趣和需求，提供个性化的学习资源。在信息化资源共建共享的过程中，还应重视资源的开放性和互操作性。资源应该具有开放的访问权限，方便不同层次、不同背景的学习者获取。同时，资源之间应该具有良好的互操作性，确保资源在不同平台、不同系统之间的共享和协作。这有助于打破信息壁垒，实现资源的高效利用。

（二）完善教育信息化资源的共建共享机制

教育信息资源共建共享依赖于先进技术的支持，所以应提高核心技术应用水平，以确保实现共同建设和共同享受成果的目的。在教育信息化资源共建共享的建设过程中，需要用到的技术主要有大数据和云计算，前者用于挖掘和分析，后者用于架构框架，将资源收集、整理、存储等进行集中管理。大数据根据不同需求，如普适性教育需求、个性化教育需求等，将收集到的教育信息进行分类保存和管理，以满足不同层次和不同教育需求。利用云技术的优势在于可对教育资源进行共享，同时还能通过云计算，对收集和掌握的资源更好地进行处理与整合。教育信息资源共建共享在利用核心和关键技术的同时，需要完善三个环节，分别为云环境、云管理、云服务。因此，需综合考虑各方面，找到最好的云方案，确保在共建共享中及时获取信息资源，打通各个环节，实现真正意义上的互联互通。信息资源共建共享要强化国家级资源库建设，并针对教育对信息资源的需求，不断完善资源库。在实践操作中，要确保资源结构合理与资源内容全面，做到及时更新和共享，还要突出重点。共享要涉及所有专业理论课程与实践课程资源，且要满足教育需求。

（三）发挥教育信息化资源的各方共享共建

教育信息化资源建设的复杂性和系统性，决定了其共享共建需要各方积极参与，共同担负建设任务。在信息资源共建共享的过程中，政府应发挥主导作用，统筹规划，确保信息资源建设工作的有序进行，推动资源充分利用和教育均衡发展，以实现实质性的教育公平，促进我国教育事业的迅速发展。针对教育基础设施薄弱的地区，政府可以加大相关投入，提高教育信息化建设硬件和软件水平，使中部和西部在信息资源共建中能够发挥作用，并享受成果。此外，政府需对教育信息化资源建设做好政策研究，确定统一标准，以更好地推进和支持共享共建。学校、企业、专家等共同参与资源建设，共同开发资源库，优化资源建设，实现全社会共享资源建设成果。教育信息资源建设既要全国化，又要形成全球视野，与世界教育分享成果，相互补充和促进。每个省可采取分布式建设资源中心，并对各类教育机构信息资源进行补充，构建完整的信息资源服务体系，确保省内所有学校都能共建和共享资源。另外，信息资源共建共享既要重点突出，又要兼顾一般，坚持多方参与和统一协调。

第二节　教育设计中教学媒体的具体运用

教学媒体是承载和传递教学信息的载体或工具，是教学系统的一个重要构成要素。在确定了教学内容、教学目标、教学策略和教学方法之后，就必然要慎重选用或设计教学媒体，高效地传递教学信息。现代媒体能够同时以各种方式传递不同形态的信息，包括能同时获取、处理、编辑、存储，展示含有文字、图形、声像、动画等不同形态的信息等，它超越了教育、教学的传统视野，使课堂突破了时空限制，丰富了教学内容，增加了教学的信息量，营造出多样化、多元化的文化教育环境和氛围，为培养全面发展又富有个性的人才提供了无限广阔的空间。因此，教师在教育设计中应系统地了解教学媒体，尤其是现代教学媒体的种类、特性、选择及设计。

一、教育设计中教学媒体的选择与组合

（一）教学媒体的选择

1.教学媒体的选择依据

（1）教学目标。每个知识单元都有其教学目标，如认知某个概念或原理、掌握某项技能和技巧、开发某种思维能力，等等。教学目标不同，就使用的媒体也不同。以外语教学为例，让学生认知语法规则，往往采用讲授为主、板书或投影材料为辅的授课方式；让学生锻炼和提高听力，就采用播放录音或音像资料的方式；让学生就某个题材进行会话练习，可采用角色扮演并辅以幻灯、投影或录像资料的方式；纠正学生发音，宜用录音媒体。

（2）教学内容。教学内容不同，采用的媒体也不一样。例如，数学、物理等学科的概念、法则和公式比较抽象，学生要经过分析、比较、综合等一系列复杂的思维过程方能理解。针对这种情况所用媒体就应提供一些具象或意象、图解、动画，帮助学习者理解；又如，讲解语文中富有文艺性的记叙文，则宜配合

再造形象，通过提供相应情景的媒体等，使学生有身临其境的感觉，唤起他们对课文的人物、景象和情景的想象，从而加深领悟，甚至产生新的灵感。

（3）学情。不同年龄的学生认知能力也不同。高年级学生的感知经验比较丰富、抽象概括能力也有了较大发展，注意力持续集中时间较长，因此选用媒体可以广泛一些，传递的内容可以深化一些，感知、分析、综合、抽象、概括，可以应有尽有。但是，学科不同，学生的思维方式和思维能力也随之不同，如理工科学生善于理性思维，文科生则习惯于感性思维和形象思维。因此在选择媒体时，应依据学科的学习特征和学生的具体学情选用适宜的媒体。

（4）教学文件。教学文件包括教学资源情况、经济实力、师生技能、使用环境、管理水平等要素。

2.教学媒体的选择原则

（1）信息有效原则。信息传播的有效性与学生的认知结构、教学内容、教学媒体等因素有密切关系。学生的认知结构是逐步形成、逐渐完善的，它不但与年龄有关，而且与学生的知识、经验、思维、素质的发展程度有关。同时，不同的教学媒体适合表现不同的内容。因此，只有当所用教学媒体所传递的信息与学生的认知结构、教师的教学内容有一定的重叠时，才能有效发挥作用。

（2）优化组合原则。各种媒体既有其优点，又有其局限性，没有一种可以适用于所有教学要求的"万能媒体"或"超级媒体"。多种教学媒体优化组合，将会扬长避短、优势互补、效用叠加，取得整体优化的教学效果。但这种组合应以取得最佳的教学效果为出发点。

3.教学媒体的选择程序

（1）确定教学媒体的使用目标。依据知识点的学习目标，认真分析教学内容，确定教学媒体的使用目标。

（2）选择教学媒体的类型。依据教学媒体的使用目标和教学对象的特点，选择合适的媒体类型。

（3）确定教学媒体的内容。查阅资料目录，确定所选媒体的具体内容。如果现有媒体内容合适，即可使用；否则可通过选编、修改，甚至重新制作等方法来确定教学媒体的内容。

（4）试用评价。在小范围内试用，并对其进行评价。若能够达到预期目标，即可推广使用；否则需重新修正。

（二）教学媒体的组合

多种教学媒体的合理组合可以实现扬长避短、优势互补、效能叠加，并取得整体优化的功效；有时还可能取得创造性的成果。

1.教学媒体的组合原则

在实行多种教学媒体的组合时，应遵循以下原则。

（1）最优实现目标原则。依据教学目标和教学内容的具体要求设计媒体组合，是科学地组合媒体的基本依据和总原则。为了形式上或表面上的多样化而滥用媒体，则会产生相反的作用。如过多使用现代媒体，会削弱教师的面授、指导作用，减少学生主动而充分的思维空间和过程，甚至会造成眼花缭乱、走马观花、认知肤浅、思维混乱的情况。因此，媒体组合要讲究高效果。

（2）多感官有机配合原则。在人类五种感官中，以视觉、听觉的学习最为重要，两者的有机组合使知识的记忆率远大于视、听觉分别记忆率之和。单一感官的持久刺激会导致抑制效应，使大脑迅速疲劳；而多种感官的交替刺激，可充分调动大脑功能，长久保持激活状态，从而提高学生学习效率。总而言之，教师应根据多感官协调配合的原则设计媒体组合，以符合学生认知规律，提高教学效果。

（3）大信息量原则。科学地组合教学媒体，可显著增加单位时间内的教学信息量。为此，可以将信息表达特性与互补的媒体组合应用。

（4）相得益彰原则。只有系统各要素实现有机联系、功能互补或融合，才能形成系统的最佳结构，产生最佳功能（整体功能大于各要素功能之和），显著提高教学效果。

（5）易实现原则。媒体组合以简洁实用、少而精、省时省力、易于操控为宜。

2.教学媒体的常用组合

（1）投影与幻灯的组合。投影以显示文字、数字、图表、模式图见长，可以书写，使用方便，可作为提纲导引式讲授的主要媒体；幻灯能够显示彩色逼真的图片，增强直观性、形象性和感染力。两者组合，可取得相互补充、相得益彰的效果。

（2）投影与录像的组合。利用投影对难点做简要提示，再播放录像，可提高观看录像片的效果；用投影提示若干问题或关注要点，再播放录像，可以起到思维定向、预期引导的作用；先播放录像，再播放投影显示应用示例或讨论题，可活跃教学氛围，提高学生认知水平。

（3）幻灯与录像的组合。录像宜显示动态过程（但有一闪而过的缺点）；幻灯宜呈现关键的静态结构。两者结合，便于理解动态过程和关键的静态结构，有利于学生全面地理解和掌握课堂内容。

（4）录像、投影与幻灯的组合。首先进行投影，有助于显示复杂的事物或过程的总体流程、结构或模式，使学生有一个概括性的认知；其次播放录像，帮助全面地、动态地反映这一复杂过程或结构；最后，用幻灯再现关键结构或难点，进行必要的讲解、提高或提示。这种组合宜用于某些重点、难点的教学。

（5）投影与CAI[①]的组合。先用投影简要讲解CAI课件的要点或范例，再让学生独立地进行CAI学习。

（6）录像与CAI的组合。先播放有关CAI操作示范的录像，再进行CAI独立操作练习；或先做CAI式学习，再以录像形式归纳小结。

（7）录音与幻灯的组合。将幻灯片内容配上标准规范的录音，同时播放，可实现声画同步，提高教学效果。

（8）语言实验室与视听设备组合。语言实验室与视听设备组合，构成视听型语言实验室，可产生更丰富的组合功能。

（9）多媒体投影电视系统或多媒体文件传送系统。可以方便、灵活地呈现多种媒体的图像；可以同步、多角度、多层次、不同倍率地显示教学内容，并且图像大、清晰逼真；可以独立播放，也可以配合教师面授播放。

二、教育设计中教学媒体的使用及重点

现代教学媒体的基本功能是帮助延伸人体的各种功能。如广播、录音机延伸了听觉功能；幻灯、投影延伸了视觉功能；影视、光盘延伸了视听组合功能；计算机延伸了人脑的多种功能（信息储存、处理、计算、设计等）。现代电子媒体集多种功能于一体，包括信息的显示、记录、储存、检索、控制、选择、复制、反馈等，能深入、灵活地表现事物的特征，突破时空局限，变微观为宏观，化抽

---

① 计算机辅助教学（Computer Aided Instruction，CAI）是在计算机辅助下进行的各种教学活动，以对话方式与学生讨论教学内容、安排教学进程、进行教学训练的方法与技术。

象为具象，具有直观、形象、动态、行动、色彩纷呈的特点，有助于科技和人文素质教育相结合，从而使现代教学丰富多彩。多媒体、超媒体等技术的发展，使计算机能同时处理文字、数学、图形、影像、动画、声音和视频信号等多种信息，实现了信息传输、处理、呈现和集成化、数字化、综合化，使人—机之间的双向交互式交流变为现实。

（一）教学媒体的使用模式

教学媒体的应用需注重运用方式，只有经过悉心规划，才能在教学过程中发挥高效能。教学媒体的基本应用方式可分为三类，即辅助式、直接式与循环式。辅助式为一般课堂教学的常见模式，而直接式与循环式适用于程序化教学、自学辅导及远程教学场景。

第一，辅助式。教师借助教学媒体向学生传递教学信息，师生交互反馈，是教师面授与辅助手段紧密结合的一种方式。辅助式有演播法和插播法两种。演播法是指教师借助现代教学媒体演示图像、播放录音录像、传达教学信息，一般按照提示—播放—讨论—小结的步骤进行；插播法是指教师在讲授过程中插播音像的有关片段或短片，为学生提供感性材料或例证，作为启发思维或抽象概括的基础。

第二，直接式。学生直接向媒体学习，媒体对学生的反应做出反馈，其特点是"电授"，不需要教师做中介。一般用于程序教学机器学习和计算机辅助教学。程序教学法主要有以下两种。一是直线式程序法。把教材分成若干具有逻辑联系的小单元，由学生解答，而后由机器呈现正确答案，学生核对，得到强化。二是分支式程序法。把教材分成若干小单元，每个单元包含多重选择题。学生用键盘选择答案，选对了，进入下一单元；选错了，导入一个分支程序，完成该分支程序的学习后，再回原处，重选答案，直接学懂、答对，再进入下一单元。在使用该模式时，教师主要是为学生编制教学软件，以间接控制教学过程，这就需要学生有高度的独立自觉精神和习惯。

第三，循环式。学生接受现代教学媒体（广播、电视等）的声、像传递的教学信息，师生不见面，故循环式适用于自学辅导和远程教学，常用于函授大学和电视大学的教学。

（二）教学媒体的最佳应用点

教学媒体的最佳应用点，也是其最有效的作用点。最佳应用点选准了，媒体就会发挥最优功能，达到事半功倍的效果，否则可能事倍功半，难以完成教学目标规定的学习任务。课堂教学过程中媒体最佳应用点宜选在以下方面。

第一，突出并强化教学重点。教学重点应着重突出和强化，以确保学习者对知识体系中最重要、最本质的知识点有深入的理解。实现这一目标的方法多种多样，如可以利用投影、电视等具有较大色彩反差的媒体，将关键信息以文字或符号的形式展示给学习者，从而加深学习者的印象；或者运用投影、电视等能提供画面的媒体，通过鲜明的画面形象来展示教学内容，促进学习者对知识的理解和领悟。

第二，突破并解决教学难点。难点即难以理解或领悟的知识点。例如，机械中的磨损、疲劳点蚀、胶合、表面塑性变形等失效形式，用电视、电子计算机模拟它们的动态变化过程，可以帮助学习者弄清现象，理解实质。

第三，创设情境、引发兴趣和动机。教学活动是师生的知、情、意共同参与的活动。只有创设令人愉悦、震撼或好奇等情境，才能引起学习者的兴趣和学习动机，调动其学习的主动性、积极思维与探索。在学习过程中，教师利用其丰富多彩的言语生动形象地描述或利用电视、多媒体播放声画并茂的画面，就能引人入胜、触景生情。

第四，提供事实，建立经验。恰当选用媒体可以在短时间内提供可感知的事实材料，帮助学习者获得与学习内容相关的经验。

第五，显示过程，形成表象。媒体可提供学习者无法直接感知的事物或现象发生发展的过程，帮助他们形成表象。尤其是利用多媒体计算机综合处理和控制符号、语言、文字、声音、色彩、图形、图像和影像等多种媒体信息，按教学要求有机组合或融合，展现给学习者，并可通过人机交互操作，完成教学或训练过程。

第六，举例验证，形成概念。借助媒体提供的具体生动的感知材料，可使学习者在感知的基础上抽象概括，形成概念。例如，切制齿轮的根切现象，可用录制视频的形式，帮助学生建立起关于根切的概念，并了解成因。

第七，提供示范，掌握操作。利用媒体可以较容易地解决一些不易观察或示范不够规范，操作中容易犯错误的问题。

第八，解释原理，启发思维。利用媒体形象、生动、直观等特点，可以把一些抽象原理具象化，从而使观察者受到启发、展开联想、类比、想象，进行积极思维，更快地理解原理。例如，模拟古代指挥车的动态模型，可以帮助学生很快地了解其工作原理。

第九，设置问题，引起思辨。可以通过媒体设置很多问题，引导学习者观察、思考、发现和提出问题，进而引起思辨。例如，在讲述色彩课时，先播放一些色彩感强烈的名画，再逐步提出色彩学的有关问题，就会比较容易地引起绘画学习者的思考和思辨。

（三）教学媒体利用的最佳时机

找出并掌握教学媒体利用的最佳时机，可使媒体的功能得到最充分的发挥，获得最优的教学效果。教学媒体利用的最佳时机主要体现在以下八个方面。

第一，学生无意注意与有意注意相转换时。人的注意力集中时间是有限的，长时间保持注意力会导致疲劳和厌烦。在某些情况下，无意注意能在轻松愉快的氛围中起到调节气氛、激发积极性、提高学习成效的作用。

第二，学习由无意识状态向有意识状态转变时。课程开始或某些单元刚开始时，有些学习者对学习内容不甚了解，往往处于无意识状态，这时候选用适当媒体，可帮助他们更迅速地进入有意识状态。

第三，学习由抑制状态向兴奋状态转化时。学习者处于抑制状态下难以开展学习活动时，利用适当媒体能较快地变抑制状态为兴奋状态，由消极、被动地学习转入主动、积极地学习。

第四，学习状态由平静转向活跃时。当学生对教师的教学方法习以为常，感到新意时，就会进入平静状态甚至变得麻木，如果不及时加以改变，就会退变为抑制状态。这时，就要利用媒体出人意料地带来新颖或新奇的东西，令学习者耳目一新，打破平静状态，使学习者心态活跃起来。

第五，学习心态由兴奋向理性升华时。当学习者进入兴奋状态，为提高教学效果创造了良好的心理条件时，教师就应采用最佳的媒体，引导学习者的心态适时升华到学习效果最佳新的理性（或悟性）境界。

第六，克服畏难心理，增强自信心时。学习者遇到困难时，会有"山重水复疑无路"的感受，这时有效利用媒体可以帮助学习者增强自信，集中注意力，克服畏难情绪，突破难点，直至有所收获。

第七，帮助学生进入"最近发展区"，树立新的学习目标时。新的富有创意的学习内容，可以使学生进入"最近发展区"。恰当地选用相关媒体，可使学习者较快地进入这种学习境界，展开研究性学习，满足他们的求知欲和创新欲。

第八，满足学生表现成功欲时。满足学习者某种尝试成功的欲望和要求时，可显著提高其追求新知识的积极性和创造性，并训练他们的认知能力。如讲完一个新的设计课题，并且能向多方向延伸时，就可以让学生选择适宜的媒体进行尝试。

教学媒体的最佳应用点，是从教学目标的角度确定发挥现代教学媒体作用的地方；而教学媒体的最佳利用时机，则是以学习者学习心理和时机来确定。在课堂教学过程中，这两者是密不可分的。教师只有经过预先周密的思考和策划，才能解决两者的配合问题，利用地运用教学媒体。

第三节　教育数字化资源设计模式研究

一、确定与分析数字化资源建设目标

在教育数字化资源设计活动中，首要工作就是确定学习资源的建设目标。分析教育数字化资源建设的目标，有助于在资源设计活动中选择合适的教学策略，开发合适的评估工具，进行资源应用结果的评估。

第一，确定资源建设目标。在教育数字化资源设计中，通过相关的绩效分析不难发现，提升教育的信息化和现代化的解决方法包括提升高职学校教育技术环境、加强学校教师培训，以及建设教育数字化资源等。一般来说，在教学设计领域，确定教学目标有学科专家法、内容纲要法、行政命令法及绩效技术法四种基本方法。

第二，分析具体资源的教学目标。学习结果可以分为五类：智慧技能、认知策略、言语信息、动作技能和态度。在教育数字化资源设计活动中，对某一具体资源的目标进行分析，有助于精确地掌握学生通过该资源的学习能够有哪些具体的行为表现。

二、进行数字化具体资源的内容分析

具体资源的内容分析是教育数字化资源设计中的关键步骤，之后的教学策略设计、媒体设计、平台选择、评价都要以此为依据进行。内容分析阶段的主要目的是帮助教学设计师更好地把握内容的定位和要求，在此阶段不会也不要进行任何具体的教学内容设计。在教育数字化资源设计活动中，内容分析的目的是帮助资源设计者更好了解不熟悉的学习者（高职学生）的学习内容，从而确保资源设计的质量。一般来说，确定学习内容有主题分析、程序分析和关键动因分析三种方法。具体而言，在教育数字化资源设计中，对某个具体资源建设内容进行分析的过程如下：通过主题分析，明确该资源的内容及组成要素，分析的具体程度应视学生在该领域的知识水平灵活掌握；通过程序分析，明确学生完成该资源的教学内容所需要的步骤及步骤间转换的线索；通过关键动因分析，获取与教育资源相关的人际交往技能与态度。

三、进行教育数字化资源的环境分析

资源的环境分析包括两部分：传输教学的环境和所学知识的应用环境，也就是学习环境与绩效环境。学生学习环境与绩效环境的差异性，是资源设计者应该十分重视的设计制约因素。下面着重考虑真实的社会作为资源设计的绩效环境的若干特征。①绩效环境对学生的导向。这里要考虑的因素是真实的社会对高职学生运用所学知识的组织支持，扩展来讲，就是社会对学生的关心与重视程度。②绩效环境与学生所学新知识的关联。这是分析高职学生所学新知识在真实社会中是否有用武之地，以及是否存在地理或环境限制。这一方面要求资源设计者多为学生设计与真实社会相关的新知识与技能；另一方面凸显了社会支持系统在学生绩效环境中的重要性。

学生学习环境一般考虑以下三个因素。①学校教学环境的客观情况。获取高职学校教学环境的客观信息，目的是考察它对于数字化学习的适合程度，具体包括有多少间多媒体教室、是否已建成校园网、师机比、生机比等客观信息。②学校教学环境对真实社会的适应性。这里主要是考虑学生在高职学校获取的知识，在真实社会中是否有用、是否具有兼容性。如果所学和所用有差距，在学校的教学环境中可以做出哪些改变和调整，以增强知识的可迁移性。③学校影响数字化学习的限制条件。进行教育数字化资源设计，应该在进行策略设计和信息设计前考虑学习环境中的若干限制条件，如基础设施、师资、资金、现有资源及应用状况等。

四、引入形成性评价及总结性评价

关于在教育数字化资源设计中引入形成性评价的方法，可以从学习者那里收集到与教学材料的使用及教学效果有关的数据，然后进行修改，确保资源在正式使用时起到促进学习的作用。形成性评价的步骤一般包括一对一评价、小组评价、现场试验三个环节。在教育数字化资源设计的"形成性评价设计"的每个步骤中，可以将形成性评价之前的教学设计步骤都作为考量内容，也就是说，将资源设计进行到现在所形成的"成果"都作为形成性评价的内容。

形成性评价的目的是修改教学模式，在教育数字化资源设计中，形式性评价的这一步骤与上一步骤紧紧相连且紧密对应，是根据上一步骤获得的信息对每个考量因素做出相应的调整。在教育数字化资源设计活动中，总结性评价是收集数据和信息的过程，其目的是做出决策，确定是否继续使用当前的学习资源。总结性评价的核心评价者一般不是教学（资源）设计者，而是不熟悉资源设计详细过程的外部评价者，因为他们往往能更公正、客观地看待资源的优点与缺点。

第四章　教师专业发展动力的具体探究

在当今不断发展变化的教育环境中，教师专业发展被视为确保教育质量和培养具备综合素养的学生的关键因素。探究教师专业发展动力，是促使教育者不断进步的关键议题。本章重点探讨教师专业发展的动力源分析、教师专业发展动力的内涵与特征、教师专业发展动力的生成机制、教师专业发展动力的生成路径等内容。

第一节　教师专业发展的动力源分析

教师专业发展的动力源是对教育事业的深远责任感和热忱，是对学生成长的使命感。其具体表现在以下五个方面。

第一，教师专业发展的动力来自对知识的持续追求。教育是知识的传递和创造，而教师是这个知识链条中的关键环节。深厚的学科知识不仅是教学的基石，更是教师专业发展的动力之一。教师怀着对自己学科的深沉热爱，通过不断学习、阅读和研究，拓宽了自己的学科视野，保持着对知识的新鲜感和渴求，这种追求知识的动力让教师能够时刻保持学者的姿态，为学生成长提供更为丰富、深刻的知识支持。

第二，教师专业发展的动力来自对创新教育方法的不懈追求。教育领域日新月异，教学方法的创新是适应时代发展的必然要求。教师在课堂上探索、实践各种教学手段，不断挑战传统教学模式，以更富有活力和启发性的方式引导学生。他们关注教育技术的应用，积极参与教学改革，将先进的教学理念融入实际操作。这种对创新的不懈追求，推动着教师在专业发展中不断突破自我，提高教学水平。

第三，教师专业发展的动力来自对学生成长的责任感。教育是一项伟大的事业，教师是学生成长路上的引导者和陪伴者。他们怀揣对学生成长的热切期望，将学生视为未来的希望，为之付出辛勤努力，这份责任感激励着教师关心学生的个性差异，关注他们的兴趣特长，通过因材施教引导他们全面发展。教师对学生的成绩、品德、价值观的塑造，都源自对学生的深切关爱，这种责任感成为教师专业发展的强大动力。

第四，教师专业发展的动力来自对最新教育趋势的关注。教育领域的变革日新月异，社会发展带来了新的教育需求和教育理念。教师时刻关注教育前沿，积极参与专业培训，不断提高自己的综合素质。他们关心国家教育政策，研究国际教育发展趋势，以全局眼光指导自己的教育实践。这种对最新教育趋势的敏锐感知，使教师在专业发展中不断保持前瞻性，为应对未来的教育挑战做好准备。

第五，教师专业发展的动力来自对提高教育质量的责任担当。教育事业是社会进步的推动力之一，而教师作为这个事业中的关键角色，肩负着培养未来人才的使命。他们以对社会的责任感，积极参与学校管理和组织各类教育活动，为提高教育质量不懈努力。教师不仅注重课堂教学，更关心学生的综合素养和品德培养，通过自身的努力为社会培养更多的有志之士。

第二节　教师专业发展动力的内涵与特征

一、教师专业发展动力的内涵

"动力"一词由"动"和"力"构成。关于"动"，《说文解字》上解释为："动，作也。从力，重声。"而"力"在《甲骨文字典》中解释为："力，象原始农具之末形。殆以耒耕作需有力，故引申为气力。"《说文解字》中解释为：

"力，筋也。象人筋之形。治功曰力，能御大灾。"在《辞海》中，"动"的基本含义有：改变原来的位置或状态；起始、发动；等等。"力"的基本含义是：力气；能力，如才力、视力和购买力；物理学名词，物质之间的相互作用，凡能改变物体静止或匀速直线运动状态或使物体发生形变的作用都称为力。"动力"的基本含义是指可使机械运转做功的力量或者比喻推动事物运动和发展的力量。

综上所述，教师专业发展动力是指"推动教师在专业知识、专业技能、教育情感和专业行为等方面不断更新和发展的力量的总和"①。从外延的维度而言，它涉及新教师专业发展动力、教学能手专业发展动力、教学名师专业发展动力等。从内涵的维度而言，它是诸多力量的总和，体现的是众多力量博弈的结果。作为力，它是有方向的，推动教师专业发展的力主要是正向的力，它需要和诸多反向及多向的力进行博弈并不断生成新的正向的力，才能促进教师的专业发展。基于此，教师专业发展动力具有系统性、方向性、动态性和生成性等特性，它是由诸多力相互作用而形成的合力，是不断生成和发展的正向的力，它指向教师可持续的、终身性的专业发展和积极的、幸福的专业成长。

二、教师专业发展动力的特征

"教师专业发展动力是促进教师专业发展的根本力量，是实现教师自主、持续与健康发展的原动力"②。在教育教学实践领域，教师专业发展动力具有多重特征，主要表现为复杂性、能动性和情境性。

（一）复杂性特征

教师专业发展的复杂性主要表现为动力的多样性和变化性，它使得教师专业发展的动力呈现出多层次、多元化的特征。根据不同的标准，教师专业发展的动力可以划分为不同的类型。例如，依据教师专业发展动力的来源，可以分为外部动力和内部动力；依据教师专业发展动力的强度，可以分为强动力、中动力和弱动力；依据教师专业发展动力作用的范围，可以分为宏观动力、中观动力和微观动力；依据教师专业发展动力的构成因素，可以分为认知性动力和情意性动力；

---

① 崔友兴.中小学教师专业发展动力论 [M].成都：西南交通大学出版社，2018：25.
② 崔友兴.中小学教师专业发展动力的现状调查研究：以重庆市的三个区县为例 [J].天津师范大学学报（基础教育版），2016，17（1）：32-36.

依据教师专业发展动力的影响方式，可以分为显性动力和隐性动力。

从矛盾论的角度来看，教师专业发展动力主要包括教师专业发展的主动力、次动力和助动力。教师专业发展的主动力是指在教师专业发展过程中起决定性作用的力量，主要包括教师的自主实现、自我提升、专业发展、对教育的热爱及对学生的热忱之心等所形成的发展力量；教师专业发展的次动力是指在教师专业发展的过程中起着关键性作用的力量，主要包括学校文化氛围、教师专业发展共同体、教学竞赛、教研活动等生成的发展动力；教师专业发展的助动力是指在教师专业发展过程中起着一定影响和作用的力量，它主要包括社会环境、经济、文化、科技等影响力，这三种力（教师专业发展的主动力、次动力、助动力）之间不是相互独立的，而是相互作用，彼此密切联系的，体现了教师专业发展动力的复杂性。

从圈层结构的角度而言，教师专业发展的主动力处于内层，教师专业发展的次动力处于中间层，教师专业发展的助动力处于外层，它们之间既相互独立又相互影响。首先，所处的层面和作用不同。教师专业发展的助动力是从宏观角度而言的，它对教师专业发展起一定的影响作用；教师专业发展的次动力是从中观角度而言的，它对教师专业发展起着关键性作用；教师专业发展的主动力是从微观角度而言的，它对教师专业发展起着决定性作用。其次，这三种力存在着内在的联系。教师专业发展的助动力在广泛和外延方面对教师的专业成长产生深远影响，通常会影响教师专业发展的价值导向和发展动机。例如，在国家新一轮基础教育课程改革背景下，教师专业发展受到了社会的广泛关注和高度重视，同时社会也为教师专业发展提供了良好的环境和空间，在这样的背景下，教师专业发展的助动力推动着教师专业发展；教师专业发展的次动力对教师专业发展起着关键性作用，它是教师专业发展助动力转化为教师专业发展主动力的桥梁。学校具有良好的文化氛围，教师之间形成良性的专业发展共同体及一些促进教师专业发展的活动（教师讲课比赛、教师参与校本研究、教师沙龙、教师同伴互助等）有助于形成教师专业发展的次动力并推动教师专业发展；教师专业发展主动力对教师专业发展起着决定性作用。

根据唯物辩证法的内外因原理，内因是事物发展的基础，外因通过内因产生作用。因此，教师专业发展的主动力就是教师专业发展的内在动力，教师专业发展的助动力和次动力要通过教师专业发展的主动力才能真正成为教师专业发展的动力，才能真正推动教师的专业发展。由此可见，从教师专业发展动力的构成、来源及其关系变化来看，教师专业发展动力具有复杂性。

（二）能动性特征

教师专业发展动力的主体是教师。教师首先是作为"人"而存在，作为"人"的教师本身具有能动性，这种能动性源于教师的主体性。教师主体具有全面系统的选择能力、分析能力、判断能力、决策能力和思考能力。为此，教师专业发展动力的能动性体现在教师主体的能动性上，即教师在教育教学实践、课堂教学环境中通过自我暗示、自我调节、自我激发、自我平衡等生成专业发展的动力，而不是在外界的压力下被动地进行教学，丧失专业成长的动力。例如，在课堂教学活动中的特定时间教师会面临众多的选择、判断，并做出相应的行为。在这个过程中，教师需要综合分析各方面的信息，从而能动地选择关键的对象或者问题，及时有效地做出合理决策，进而生成专业发展动力。

教师专业发展动力的主动性充分展现了教师的核心价值，其不仅是教师专业能力提高的体现，更是推动教师积极有效发展的关键前提。因此，要激发教师专业发展动力，就需要创造适当条件，引导并激发教师的积极性和主动性，推动他们自主并持续地发展。同时，唯物辩证法认为事物总是处于变化发展的过程中。教师专业发展动力是促进教师发展的重要力量，其能动性还体现在教师专业发展动力的动态发展方面，它会随着教师阅历的丰富而不断提升。例如，参加培训、在职进修、教师自身的不断学习等都可能促进教师专业发展动力的提升。一方面，通过各种教师培训和学习，可以增加教师的知识储备量，更新教师的知识，为教师教学能力的提高奠定基础；另一方面，教师技能培训本身有助于教师技能的熟练和完善，直接促进教师动力的提升。总而言之，动态发展性表明了教师专业发展动力并非固定不变，而是随着教师的成长而逐渐提高。因此，增强教师专业发展动力不仅需要树立积极的能力发展观，还需要从多个维度、多个层面促进教师专业发展动力的生成。

（三）情境性特征

任何事物都有其产生、形成和发展的特定情境。教师专业发展动力是在一定的社会情境与学校情境中形成的，教师长期所处的学校情境、课堂情境是教师专业发展动力生成的重要因素。正如复杂多变的课堂、充满各种可能性的教学事件、课堂教学的美好想象及教师主体对学生发展的憧憬等情境推动着教师专业发展动力的生成。

尽管教师能够通过各种培训学习等提升自身专业发展动力，但其专业发展动力的生成离不开教学情境。由此可见，教师专业发展动力产生于特定的社会情境和学校情境，具有较强的情境性。一般而言，影响教师专业发展动力生成的情境主要包括物理情境和心理情境。物理情境如教师的生活环境，学校环境，教室的布置、光线强弱、整洁程度，教室周围噪声的大小等，这些物理情境通过视觉引起心理反应，对教师专业发展动力产生影响；心理情境是一种心理氛围，对教师专业发展动力的影响是潜移默化的，良好的心理情境有助于教师专业发展动力的生成。

从一定程度上说，教师所处的情境在物理空间上是受限的，但在心理空间上是无限的。只有在各个空间范围内保持空间之间的平稳，人的生活才能得以充分扩展。因此，为了提升教师的专业发展动力，需要不断拓展教师所处的空间。在物理空间方面，可以通过将教学与师生的"日常生活实践"有机结合，促进教学空间向生活、社会扩展，从而实现空间从有限到无限的转变；在心理空间方面，通过建构和谐相融的师生心理空间，实现课堂教学心理空间的无限拓展。物理空间和心理空间的拓展和延伸要保持一定的张力和平衡，这样才能够从空间的角度促进教师专业发展动力的生成。

此外，在促进教师专业发展动力生成的同时，需要重视时间因素对教师的影响。从物理意义的线性时间角度来看，时间被视为"流动"，从过去流向现在，再从现在流向未来，呈现不可逆的特性。若以现在为中心解读时间，激发教师专业发展动力就需要对时间进行扩展，这必然包括对过去的反思批判及对未来的规划、憧憬。

从海德格尔的时间观角度分析，物理学中的时间观念应该从存在论的时间观出发，即以将来而非现在理解时间。因为在存在论中，真正的存在是通过将来而不是现在把握时间。只有当存在是将来的，它才能真实地曾经存在，并且以某种方式源自将来。这种最本真的当前并非瞬息即逝的时间点，是一种持续存在的状态，即曾经存在、将来存在与当前同时共存，一同存在，共同到场。

综上所述，促进教师专业发展动力的生成，推动教师专业的可持续发展，需要从立体的角度来看待时间，在当下的教育教学实践中，它包括过去的一切蕴含和将来的无限可能。过去、将来和现在同在，是存在的本真形式，将来的众多可能性就在当下，因而当下的教育要充分关注师生的存在及存在的一切可能性，实现师生存在的意义生成，进而真正激发教师专业发展动力。

第三节　教师专业发展动力的生成机制

一、教师专业发展动力生成机制的构建原则

教师专业发展动力是教师主体在与环境互动的过程中生成的促进自身专业发展的力量，教师专业发展动力的生成是多重因素交互作用的结果。揭示教师专业发展动力的生成机制，有助于明晰教师专业发展动力生成的内在机理，为促进教师专业发展提供理论支撑。在教师专业发展动力的生成机制构建中需要遵循以下两个原则。

（一）理论推演与实践观照相结合原则

理论推演与实践观照相结合原则是指教师专业发展动力生成机制的构建既要遵循理论演绎的基本原则，又要体现教师专业发展的实践样态。理论推演强调逻辑原点的根底性、正确性和正当性，以及演绎过程的逻辑性和严密性，它是一个思维涉及和逐步推断的复杂过程。实践观照则突出对事物现实状态的反映，以及对事物演变和发展过程的客观展现。教师专业发展动力生成机制的构建需要遵循理论推演与实践观照相结合原则：一方面，教师专业发展动力生成机制的构建需要进行理论推演，即基于教师专业发展理论、动力理论等相关理论对教师专业发展动力生成机制进行理论探讨；另一方面，构建教师专业发展动力生成机制需要基于教师专业发展实践，通过大量的观察和访谈，力求全面掌握教师专业发展的

动力水平，以及教师专业发展动力生成的影响因素和运作机理。为此，通过理论推演和顶层设计，结合教师专业发展实践，才能够更为合理、客观地构建教师专业发展动力的生成机制。

（二）静态逻辑与动态逻辑相衔接原则

静态逻辑与动态逻辑相衔接原则是指在教师专业发展动力生成机制的探讨中，既要关注特定时空场景中教师专业发展动力生成的静态逻辑，又要认识到作为一个动态的发展过程，教师专业发展动力的生成具有动态性、变化性和发展性。从一定程度上说，特定阶段或特定时期内，教师专业发展动力的水平是比较稳定的。在这个阶段，教师专业发展动力生成的影响因素是相对固定的，因此，构建教师专业发展动力生成机制需要揭示这些相对稳定的要素。

另外，在不同阶段，或面临新的环境和挑战时，教师专业发展动力将呈现出不稳定性。为此，构建教师专业发展动力生成机制需要充分考虑影响教师专业发展的偶发因素。基于此，遵循静态逻辑与动态逻辑相衔接原则，才能够更加全面深入地揭示教师专业发展动力生成的影响因素和运作逻辑。

总而言之，通过静态逻辑和动态逻辑的建构和分析，有助于从立体和动态的角度认识、理解和构建教师专业发展动力的生成机制，进而更加真切、有效地揭示教师专业发展动力生成的内在机理。

二、教师专业发展动力生成机制的构建要素

教师专业发展动力生成机制的核心要素，主要包括合理目标、实践反思、学校变革性文化和支持性环境。

第一，合理目标。教师专业发展动力生成机制的构建，首先在于设立合理明确的目标。教师需明确个人职业发展的长短期目标，并以此为引领，不断努力提高教育教学水平。合理的设定目标既能激发教师的工作热情，也有助于规划职业生涯的发展方向。

第二，实践反思。实践反思是教师专业成长的关键环节。通过对教学实践的深度思考和总结，教师能够更好地发现自身的不足，及时调整教学方法，不断提高教学效果。实践反思不仅是问题发现的途径，更是解决问题的关键，有助于教

师在工作中不断优化自己的教育理念和教学技能。

第三，学校变革性文化。学校变革性文化是培育教师专业发展动力的重要基石。鼓励创新、尊重多样性、提倡合作，这些文化元素能够激发教师的创造力和工作热情。学校应当营造一个积极向上、鼓励尝试的文化氛围，使教师在这个环境中获得成就感和认同感，从而更好地投入专业发展。

第四，支持性环境。支持性环境是动力生成机制的保障。学校管理者应提供各类培训机会，鼓励教师参与学科研究、教育改革等活动。此外，学校管理者应为教师营造宽松的工作氛围，提供必要的资源和支持，使其能够更好地投入专业发展，免受外部干扰。

第四节　教师专业发展动力的生成路径

教师专业发展动力的生成路径是一个涵盖广泛而深刻的过程，其中多个因素相互交织，推动着教育者不断提升自我，以更好地应对教育领域的挑战。

一、更新教育理念

教育理念的更新是教师专业发展动力生成路径的关键因素之一。在日常教学实践中，教师通过不断反思自己的教育理念，努力寻求更符合时代潮流和学生需求的教学方式。积极参与教育研讨会、阅读相关教育文献及与同事深入交流，成为他们获取新教育理念和方法的途径，这个过程不仅使教师拓宽了教育视野，更激发了他们对专业发展的渴望。通过不断学习、创新教学方法，教育者能够更好地应对教学挑战，提高自身教育水平，最终推动学生的全面发展。因此，教育理念的不断更新不仅是促使教师自我提升的重要推动力，也可为建设富有活力的教育体系奠定坚实基础。

二、进行专业培训

专业培训是教师专业发展动力生成路径中至关重要的一环，为教育者提供了拓展知识、提升技能的有效途径。首先，专业培训提供了系统化的学科知识和教学方法的学习机会。教育领域日新月异，不断涌现出新的教学理念和方法，而专业培训为教师提供了及时获取这些信息的机会。通过参与各类培训课程，教师能够将先进教学理念，融入自己的教学，提高教学水平。其次，专业培训通过交流互动的形式，促进了教师之间的经验共享和互助合作。在培训班上，教师可以分享彼此的教学心得、成功经验和解决问题的方法，从而形成一个良好的专业交流氛围，这种互动不仅有助于丰富个体教学经验，还能够激发教师在专业发展上的共鸣，形成集体智慧，共同应对教育中的各种挑战。

三、提升内在动力

提升教师内在动力是教师专业发展动力生成路径的重要因素之一。教育者的内在动力源于对教育事业的热爱、责任感和职业价值认同。首先，建立积极向上的教育环境和团队文化可以激发教师的内在动力。当感受到来自学校和同事的支持与鼓励时，教师更容易保持积极的工作态度，持续投入教学事业。其次，提供发展空间和晋升机会也能够激发教师的内在动力。教育机构通过为教师提供专业成长的平台和晋升通道，使教师感受到自身努力与付出能够得到认可，从而增强其对教育事业的自我驱动力。通过这些方式，提升教师内在动力成为构建积极向上的教育生态，推动整个教育系统不断进步的有效途径。

第五章 教师发展的策略及其具体实施

随着教育改革的不断深入，教师发展已成为教育领域关注的焦点。教师作为教育实践的核心力量，其专业发展和素质提升直接关系到教育质量的提高和学生全面发展的实现。因此，探讨教师发展的策略及其具体实施具有重要意义。基于此，本章主要探讨教师发展的个体唤醒策略及实施、名师引领策略及实施、同伴互助策略及实施、课例示范策略及实施。

第一节 教师发展的个体唤醒策略及实施

教师发展的个体唤醒策略，不仅仅是一个简单的培训或指导过程，更是一个深度挖掘教师内在潜力和动力的系统化过程，其核心目标在于重新点燃教师的职业热情，唤醒他们的自我发展意愿，并在此基础上推动教师自主地向着更高的教育境界迈进。

一、个体唤醒与个体唤醒策略的实施

（一）个体唤醒的解读

个体唤醒是指个体在特定情境下，由于某种刺激而产生的内在动力和动机，从而引发一系列生理和心理反应，最终导致行为的产生。

个体唤醒通常由两部分组成：一部分是生理唤醒，包括心跳加速、血压升高、呼吸急促等生理反应；另一部分是心理唤醒，包括情绪、认知和动机等方面

的变化。

　　个体唤醒的作用在于激发个体的内在动力和积极性，使其更加主动地参与活动并发挥自己的潜能。在教育、营销、管理等不同领域中，个体唤醒都有广泛的应用。例如，在教育领域，教师可以通过有效的教学手段激发学生的兴趣和好奇心，提高学生的学习动力和积极性；在营销领域中，商家可以通过广告、促销等手段激发消费者的购买欲望和消费行为；在管理领域中，管理者可以通过激励措施激发员工的创造性和工作热情。

　　个体唤醒的原理包括以下方面：一是刺激—反应理论，即外部刺激通过感知器官传达到大脑皮层，进而引发一系列生理和心理反应，最终导致行为的产生；二是情绪理论，即个体在特定情境下会引发特定的情绪反应，这种情绪反应会影响个体的认知和行为；三是动机理论，即个体在特定情境下会产生一定的内在动机，这种动机驱使个体采取相应的行动。

　　总之，个体唤醒是个体行为产生的重要内在动力，对个体行为具有重要的影响和指导意义。通过合理地应用个体唤醒原理，可以有效地激发个体的内在动力和积极性，提高其参与活动的主动性和创造性。

（二）个体唤醒策略及其实施

1.个体唤醒策略的特征

教师发展中个体唤醒策略的特征主要包括以下五个方面。

　　（1）充分关注教师的个性：个体唤醒策略认为每个教师都有其独特的性格、教学风格和优势，因此在教师发展中应该充分关注教师的个性，根据教师的不同特点进行有针对性的指导和支持。

　　（2）强调自主发展：个体唤醒策略认为教师的发展应该基于教师的内在动力和需求，教师需要自主地参与自身的发展过程，而不是被动地接受指导和培训。

　　（3）重视自我反思：个体唤醒策略认为教师需要不断地进行自我反思和总结，通过反思来发现自己的不足和提升的空间，从而不断完善自己的教学理念和教学技能。

　　（4）鼓励创新和实践：个体唤醒策略鼓励教师在教学实践中进行创新和尝

试，不断探索适合自己的教学方式和策略，同时注重将理论知识与实践相结合，提高自己的教学实践水平。

（5）提供个性化支持：个体唤醒策略认为教师应该得到个性化的支持和指导，针对不同教师的需求和问题，提供有针对性的解决方案和支持措施，帮助教师克服发展过程中的障碍。

2.个体唤醒策略的实施

个体唤醒策略的实施要体现在理念唤醒和活动唤醒两个方面。

（1）理念唤醒，唤醒教师的创新意识。教育的目的在于唤醒人的自我意识和生命意识，激发其价值观、生命感、创造力，以实现自我生命意义的自由自觉的建构。有效的教师发展模式需要解放和唤醒成长者的人格与心灵、内部创造力。管理者应创造适宜环境，使先进教育理念转化为教师的教学实践。

第一，办学理念引领，唤醒使命感。教师是以人格塑造人格的先行者，其作风和行为习惯直接影响青少年的健康成长。办学理念是学校师生共同的价值观，共同的价值观形成的行为准则，是一种无形的精神财富。让教师成为有良好师德风范、富有使命感和责任感的人，成为实现学校办学理念的先锋。

第二，教育理念唤醒，激发创造力。教育不是重复，而是创造。用先进的教育理念培养教师，使其学会把握素质教育的真谛。及时引领教师解读新课程，并将新的教育理念转化为教育教学需要，让教师感觉摸得着和看得见，使教师坚定信心。

（2）活动唤醒，唤醒教师的参与意识。教师渴望进步与成功，相关活动为其提供成长机会，帮助其摆脱职业倦怠，激发学习、研究、创新热情，开拓教育新领域。具体表现在以下两个方面。

第一，文体活动激发教师工作热情。如跳绳、接力赛、演讲等，让教师在轻松愉快的氛围中消除倦怠，锻炼身心。教师节的庆祝活动可以引起教师对职业的重新思考，增强责任感。丰富多彩的活动不仅丰富了教职工生活，也提高了学校凝聚力。

第二，教育教学活动唤醒教师参与意识。例如，组织各种教育教学活动，为教师提供展示才华的平台，使其体验到自我价值实现的喜悦；开展务实高效的教学研究活动，如教科研沙龙、听课、评课等，并及时给予反馈；教学观摩课、示范课等活动，提升教师自我价值认同，激发上进心；通过竞赛和评价，满足了教师的自我价值实现需求，并推动其持续发展。

总之，学校应从实际教研活动入手，以活动为载体，促进教师专业成长，锻炼教师能力，激发教师参与意识，提高专业水平。

二、个体唤醒策略对教师发展的促进

个体唤醒策略对教师发展具有突破本土主流文化忽视个体传统的特征，因此，易于让教师体现专业发展的幸福感，具有唤醒教师专业发展的后发优势。

（一）唤醒教师专业发展的内在动力

个体唤醒策略在推动教师专业发展中具有更为内生性、隐喻性和多样性的特点。这种策略源自人文教育，因此，应避免"灌输""强制""绝对化"的教育方式。教师的教育行为以自主意识为引领，个体唤醒对教师专业发展具有引领地位，成为教师专业发展的内在动力。

传统的教师发展观念更侧重于外部力量。例如，各类师资培训讲座、观摩活动等，而较少关注教师内在潜能的开发和自主发展意识的唤醒。教师角色包含两个方面，即"他我"与"自我"。其中，"他我"代表教师外在的社会工具价值，"自我"则体现教师内在的自我主体价值。只有当教师处于"自我"状态时，其行为、情感和举止才能与自我意象保持一致。自我意象作为前提、依据或基础，奠定了个体的全部个性和行为。因此，教师个体的内在唤醒至关重要，其作为源于内心的力量源泉，推动教师自身实现可持续发展。

（二）唤醒教师专业发展的幸福感

教师个体觉醒的目标，在于使其投身于专业自主的教育生活，并非仅仅依赖教育谋生，而是将教育视为值得投身并矢志追求的事业。在教师个体觉醒的背景下，我们看到了研究型、实践型和其他不断成长的教师，他们是教育发展的关键力量。教师不仅是理论的践行者，更是理论的创建者。他们充满热情和智慧，为教育细节赋予专业色彩，并在教育过程中享受到身为教师的幸福与满足。

1.在奋斗中感受幸福

在教师专业发展的道路上，他们需持之以恒、砥砺前行。在此过程中，教师全力以赴，播撒爱心，投身教育事业。他们会历经挫折、挣扎，品尝失落、期待，感受苦涩、甘甜，体验失败、成功。他们铭记自己为备课而撰写的众多教案，熬夜制作的教学课件，公开课前的反复试讲，评课人的悉心指导，学生给出的教学反馈，以及自己熬过的无数历练。他们深知课堂上的游刃有余，享受过公开课成功的喜悦，获得同行们的认可，以及红色证书传递的赞誉。更难忘的是，当教学与生活发生冲突时，他们毫不犹豫地选择了教育事业；当学生与家人产生矛盾时，他们坚定地站在了学生一方。这一切，皆为实现心中永恒的追求：耕耘、奋斗，感受教师的幸福。唯有奋斗过的、经历过的教师，方能体会这份幸福。这份幸福，源于与学生的共同成长，源自自身的辛勤付出。它属于那些矢志奋斗的教育工作者，因为这是他们用汗水和执着换来的。

2.在收获中品味幸福

教师的最大喜悦莫过于见证自己的弟子遍布天下，那是他们最幸福的时刻。教师所从事的职业与年青一代相伴，他们为教师带来了无尽的活力与纯真的美好。在教学过程中，教师因学生的多样性而丰富了自己的智慧；在学习过程中，教师感受到学生的多样化表现，心中充满喜悦；在日常生活中，教师贴近学生的活泼与质朴，沉浸在童心的世界中，增添了无数美好。目睹学生在教师的关爱下茁壮、幸福地成长，一批又一批的学子成为社会的中坚力量，为祖国的发展贡献自己的力量，教师的幸福感便自然而然地涌现。这份职业，换来的一生幸福，唯有身为教师的人才能深刻体会到。

第二节　教师发展的名师引领策略及实施

教育是推动社会经济发展和文化进步的重要因素，而教师是促进教育事业发展的重要力量，只有高素质的教师才能造就高质量的教育。"名师工作室以名师为引领，通过一系列基于课堂教学情境的主题活动来增强教师的专业认同感，纾解教师的职业倦怠，为教师提供多样的学习资源，提升教师的教学技能及科研能力，促使教师不断反思，进而提高教师的专业发展水平，为建设教育强国增添力量"[①]。

一、名师与名师引领策略的实施

社会呼唤优质教育，优质教育呼唤名师。建设一支高素质的名优教师队伍，是提高教育教学质量，实现教育现代化，促进教育健康、和谐、可持续发展的长效举措。

（一）名师的解读

"名师是在一定范围的教师群体中，师德修养、职业素质相对优异，有一定知名度的、被大家公认的、具有较为丰富的教育教学经验的、教育教学效果显著的、取得过一定的教育教学研究成果，并对一般教师具有一定示范作用和带动作用的优秀教师代表，其中包括教育系统的先进工作者、优秀教师、特级教师、学科带头人、教育教学专家、教坛名师及省级以上骨干教师"[②]。

1.名师的标准

名师的标准主要体现在以下四个方面。

（1）教学成绩出类拔萃。教学成绩是衡量名师的主要标准。目前教学成绩主要以分数的形式体现出来，也就是我们常说的"三率"，即优秀率、及格率、提高率。其表现在学生身上有三点：一是全面提高全体学生的学习能力；二是优秀生的培养；三是学习困难生的转化与提高。一个班级的优秀生多，说明这位教师的教学能力强；一个班级的及格率高，说明这个教师非常勤奋敬业；一个班级学困生转化的效果好，说明教师公平公正。名师应做到三者合一。

（2）班主任成绩斐然。优秀的班主任通常是组织管理的专家，而高超的组织协调能力无疑是成为名师的必备条件。

（3）个性鲜明，执着超群。名师应该有自己鲜明的个性特点：一是特殊的工作个性，表现为对事业的执着追求、对教育的耕耘奉献、对方法的积极探索，有一种不达目的不罢休的敢于创新的超群品质。在具体工作中，他们会扎根于烦琐的教育教学实践，不拘泥于传统思维与方法，努力摸索自己的教育教学之路。二是独特的人本个性，表现为超然物外的人性本质。有的名师看起来普通平凡，

---

① 赵倩铭 . 名师工作室引领下的教师专业发展探究 [J]. 中学教学参考，2022（12）：85-87.
② 刘文甫 . 中小学教师专业发展策略探索与构建 [M]. 长春：东北师范大学出版社，2011：117.

但是关键时刻，总能表现出异于常人的品质，总能以优异的成绩和不俗的水平让人刮目相看。

（4）严格自律，摆位恰当。成为名师的唯一途径便是低下头来，以平和的心态投身教育事业，并持之以恒。对于集体而言，名师这一称号代表着荣誉与光环；对于个人而言，则意味着社会责任、义务，以及自我规范与激励。它是一种敦促个体不断自我改造、提升和完善的标准，是教师为实现人生价值和意义的无尽探索。名师的荣誉并非仅限于表彰墙，更是深刻铭记在学生心中，源于集体力量的培育与铸就。

2.名师的作用

名优教师的成长与教师团队的发展是相辅相成的，优秀的教师群体会催生更多的名优教师，名优教师的引领会造就更优秀的教师群体。名师是教师群体的核心，是教师队伍当中的领头雁、孵化器。名师具有一般教师无法比拟的潜在教育优势，名师的作用主要表现在以下三个方面。

（1）凝聚作用。名师的威望和信誉可以吸引大批的优秀学生。名师往往不仅自己能做出突出贡献和科学成就，而且具有丰富的科研管理和教学经验，有极强的凝聚力，能使一大批人聚集在他身边，其带领他们做出一流成绩。

（2）榜样作用。学为人师，行为世范，作为一般的教师尚且如此，作为名师更应成为学生的楷模和同行的榜样。学生有很强的"向师性"。名优教师的举止风范、行为习惯、兴趣爱好、人格力量都对学生有着深远的影响，决定着学生的人生理想和发展方向。名师是师德高尚、业务精良、学识广博的教学带头人。他们具有丰富的教学经验、先进的教学理念、深厚的教育理论功底，他们率先垂范、以身作则，特别是人格魅力的感染和影响，会使更多的教师从这些名师的教育教学经验和成长历程中，受到启迪、感悟、鼓舞和鞭策，做到学有榜样，赶有目标，从而增强敬业、乐业、精业和勤业的职业道德和教师风范。

（3）引领作用。知名教师是特定学科领域中具有较高影响力与感召力的教育工作者，是核心群体之一。其教育教学观念、方法及评价具有先进性，易于被同行接纳与认可。借助知名教师的示范与辐射作用，不仅可以实现优质教育资源共享，还可以通过其吸引力、亲和力、感召力与凝聚力，汇聚知名教师群体，形成知名教师效应，引领一支卓越的教师团队。

3.名师的素质

名师首先是成功人士，成功人士都具备众多的成功素质。名师具备以下九条职业成功素质：①抓住机遇；②功底和才华；③信念；④敬业精神；⑤特殊个性；⑥承受力；⑦人际关系；⑧善于表现自己；⑨口才。名师除了具备这些成功素质外，还包括一些特殊的、更加深广的内容，具体包括以下六个方面。

（1）高尚的人格素养。人格是名师成功的根本。名师成长的过程实际上是人格完善的过程。教师的以下人格特质最受学生欢迎：合作、民主、仁慈、体谅、忍耐、兴趣广泛、和蔼可亲、公正无私、有幽默感、言行一致、对学生的问题有研究的兴趣、处理事情具有伸缩性、了解学生并给予鼓励、精通教学技术等。名师的人格应该更好地体现时代精神，在思想观念、道德品质、心理素质和行为方式上与社会发展一致，是集责任感、进取心、创造力、宽容心为一体的新型社会主义人格。

（2）坚定的教育信念。在翻阅中外优秀教育工作者的事迹时，我们不难发现，他们之间存在着一个共同特质，即均已树立稳固的教育信仰。教育信仰是对教育事业本质深刻理解的基础上，形成的关于教育的观念和理性信念。在教师专业素质结构中，教育信仰居于高层次地位，它涵盖并影响着教师专业素质的其他方面，指导和支配着教师的教育教学活动及自我学习和成长，成为教师专业行为的理性核心。这些教育信仰已成为教育者坚定遵循的行动准则。信仰的力量不容小觑，它是人文精神的崇高体现，如甘露般滋润着人们的心灵。教育事业本身就是神圣的，因为它并非简单的技术性操作，而是一项源于信念的事业。真正的教育是一种精神创新和灵魂感召。具备教育信仰是成为教育工作者的重要前提，这也是人们常说的"事业心"。缺乏教育信仰的教师，无法真正热爱教育事业，也更不可能全心全意地关爱学生。陶行知的《我们的信条》、杜威的《我的教育信条》等，都是优秀教育工作者信仰坚定的生动例证。

（3）优化的知识结构。对于一名教师而言，合理、完善的知识结构是上好课的基本条件，名师当然更不用说。名师的知识结构，是由若干层次组成的网络知识系统：第一层次是条件性知识，包括教育学、心理学、学科教学论、教育心理学和青少年心理学等，这是教师知识结构的核心；第二层是本科性知识，主要指技术精深的学科专业知识，即大学学习的专业课程，这是知识结构中的基础层次；第三层次是扩展性知识，即学科以外的广博的文化知识，上至天文、下至地理；第四层次是实践性知识，主要指教学中作为工具来应用的知识，如方法论知识、计算机知识、网络知识和外语知识等。对于实践性知识和扩展性知识，教师必须尽可能多懂一些，知识面尽可能宽一些。否则，就会与学生因缺乏共同语言，很难进行交流和沟通。这些知识相互支撑、渗透和有机整合，构成了名师知识结构的多层复合性，这种整合了的专业知识是名师劳动科学性、艺术性和个人独特性的坚实基础和必备条件。

（4）卓越的能力水平。名师的能力是名师以自己的知识为基础，通过长期实践形成的，是能出色完成一定教育教学任务具备的主观条件。从横向来看，有教育能力、学科专业能力、学科教学能力的三维度形成的综合体系；从纵向来看，包括一般能力（即智力）和教师专业特殊能力两方面。名师重视自身智力因素和非智力因素的培养和开发，因为对于名师来说，与智力因素相比，非智力因素更加重要。名师的专业特殊能力，可分为两个层次：一是专业基本性能力，它是与教育教学实践相联系的语言表达能力、组织能力、学科教学能力等；二是创造发展性能力，包括自我完善和更新知识的能力、教育研究的能力等。

（5）显著的工作成效。卓越的工作成果，是指相较于同行，名师在职业和成效方面表现突出并享有较高声誉。仅一名教师在其教育岗位上取得了卓越的成就，并在同行中享有高度的认可，才有资格成为知名优秀教师。知名优秀教师的显著业绩通常体现在以下方面。首先，培养出一流的人才。一流人才往往能成就辉煌的事业。其次，创立或管理着知名学府。知名学府通常是指声誉卓著、享誉国内外的优秀学校。最后，取得了卓越的教学、德育或科研业绩。在教学方面，这些教师追求教学科学与艺术的统一，形成了独特的教学风格。他们的学生热爱学习、成绩优异且具有巨大的发展潜力。在德育方面，他们以身作则，实现了私德与公德、品德教育与行为、自教与他教的有机结合，有力地推动了学生品德的提高，为学生的未来发展奠定了坚实的基础。在科研方面，名师能结合工作实际开展教育科学研究，针对实际问题提出创新性的观点和举措。

（6）鲜明的时代特性。不同时代的名优教师虽然具有普适性的共性特征，但是他们依然具有鲜明的时代性。一方面，特定的时空环境对名优教师提出了特定的要求；另一方面，特定时代的名优教师也都被打上了特定时代的烙印，有时代的局限性。所谓领域特定性，是指名优教师的教育教学思想与活动具有一定的范围。这一特征决定了名优教师不是全才或完人，而只是某一领域的专家。只是在某一教育教学领域内比别人有独到之处，做得更好，具有专长，形成"绝活"而已。我们不能希冀一位名优教师成为一个全能的完人，即在此领域是内行和名优教师，在彼领域未必就是内行和名优教师。

4.名师的成长

为了发掘和打造名师队伍，我们确立了"青年教师—骨干教师—名师—专家"的培养阶梯，探索出了"学习—实践—研究"的名师成长之路。具体包括以下五个方面。

（1）自主规划——名师自主专业发展的前提。教师是专业发展的主体，教师专业发展必然是自我导向、自我驱动的结果。因此，教师专业发展需要教师在对自己的性格、兴趣等个性因素进行准确、客观的认识及对自身专业发展的环境、个人的专业需求和发展水平进行深入全面的分析的基础上，合理进行专业发展的自我设计、自我规划。教师专业发展规划是教师本人为自己的专业发展设计的一个蓝图，能够使专业发展具有明确的目的性与方向性；为自身的专业发展提供必要的引导，也能使教师及时了解自己专业发展的情况并进行有效调控；为教师对自身专业发展的反思提供一个参照框架。专业发展规划的制定不只是教师专业发展过程中的一个环节，它本身就是一种非常重要、非常有效的专业发展活动。

因此，首先，名师要客观、全面、深入地认识自己，全面分析自己的能力、经历、社会关系等个人基本素质、智能和资源特点，充分认识自己的优势和缺陷，了解自己现有的专业发展水平、专业发展程度能力，诊断自身内在专业结构的不足，分析自己的专业发展需求，从而增强发展目标确定的针对性；其次，名师要加强对教师专业发展理论的学习，并以其作为制定自身专业发展规划的重要基础和依据，合理定位自己所处的发展阶段，明确自己的专业发展方向，确定适合自己的专业发展目标；最后，在整个发展过程中，名师要始终进行持续的反思和适时的调整，积极回应教育的变革，对自己的发展需求、学校和学生的需求保持高度的敏感，灵活运用和调整规划，动态设计自己的专业发展。教师个人发展规划对教师来说，既要有一定的挑战性和发展空间，又要具有实现或达成的可能性。

（2）自主学习——名师自主专业发展的保证。人类不断学习的需求源于其与生俱来的求知欲望，这也是人类与其他生物的本质区别。在终身教育成为时代诉求，学习型社会成为时代特征的背景下，持续自主学习不仅为社会所倡导，更是教师个人发展的内在需求和不可忽视的权利，同时也是每位教师全面发展和持续成长的有效手段。只有坚定自主学习的信念，教师才能不断丰富自我，永葆教育事业的活力。学习应成为名优教师的一种职业行为，树立学习意识、改善学习方法、精选学习内容、提高学习效率，要善于抓住一切机会，结合教育教学中的实际问题开展有效学习。例如，以向书本学习作为自己学习的主渠道，博览群书，不断充实自己的教育理论，丰富专业知识，更新教育理念，习得教育技能，提升教育艺术；以向学生学习作为自己不容忽视的学习新渠道，在放下架子，学习学生某些优秀特质丰富自我的同时，也为学生树立一个谦虚好学的榜样；以向社会、向生活学习作为自己学习的重要资源，从人生阅历、个人魅力等方面全方位提升自己。在实践中学习，在学习中实践。当名优教师自主学习进入一个较高境界时，无疑会促进其教育教学实践能力的提高，提升其专业素养，并形成一种良性循环，更好地促进教师的自主专业发展，实现教师的可持续发展。

（3）自主反思——名优教师自主专业发展的关键。以人为镜可以使行动更具合理性。以己为镜，自己充当自己的公正的旁观者，对自己严格分析，分析自己专业发展状态，剖析状态背后的实际情境及原因，这样更有利于教师自主专业发展的策划及管理。

反思是教师专业成长中最重要的品质之一，是教师发展的根本前提，没有反思，就不可能有教师的发展，它能使教师及时地分析和修正自身在专业自主发展中出现的问题和失误，并且能够指引教师看到自身的差距和新的发展方向，从而将教师的自主专业发展推上终身化的道路。可以说，反思对教师改进自己的工作有独特作用，是教师自我发展的必备条件。提高教学反思能力与促进教师的成长是相辅相成的，越懂得反思并拥有反思能力的教师就越有可能成为一名优秀教师。

因此，优秀教师应将反思视为自我专业发展的持续不断、永无止境的过程，养成良好的自主反思习惯，勇于质疑并改造自我。通过撰写反思日记、观看自身的课堂教学录像、同事间的互评与交流、听取学生反馈意见、建立个人专业发展档案等多种方式，全面收集反馈信息，为反思提供信息支持。例如，针对班级管理、转化后进生等教育环节进行反思；对教学设计是否遵循新课程理念，教学过程中是否实现以学生为中心，教师角色是否真正转变为引导者、合作者、促进者，以及对教学过程中问题的捕捉、处理，教学结果与目标统一等方面进行反思；针对科研过程进行反思；等等。同时，优秀教师应主动学习反思的理论知识和技巧，灵活运用反思策略提升反思能力，增强反思效果和深度。稳定、主动和自律的自我反思习惯将对优秀教师的专业终身发展产生巨大推动力。

（4）自主研究——名优教师自主专业发展的载体。教师的自我发展是教师的专业知识拓展、专业能力提高和专业情意发展的过程，从根本上取决于教师能否持之以恒地进行教育科学研究。教育科研是教师对教育活动有意识的追求与探索，它既表现为行为主体对教育环境的主动适应，也表现为行为主体对教育环境的积极影响与改造。适当地参与教育科学研究，能够唤醒名优教师个人的专业自觉和内在的发展需求，激发其对专业活动的情感投入，调动其积极进行自主学习与自我反思，提高其专业能力、专业素质与理论水平，促进其自主寻求专业发展，不断提高可持续发展能力。教师进行自主研究不仅是教师体验自身价值的表现，而且是教师实现自主专业发展的载水之舟。在实践中进行研究，在研究中求发展，教师的自主发展能力必会逐步提高。

为此，名师应充分发挥其个体参与研究的主动性和积极性，紧密结合教育教学实际，以研究者的眼光审视并分析教育教学实践中出现的各种问题，积极探究解决的有效方法，并形成规律性的认识。第一，要转变"教育科研神秘观""教育科研无用论"的错误观念，树立和增强从事教育科研的主体意识，明确自己可以是而且应该是"行动研究者"；第二，注重教育和科研理论的学习，开阔研究视野，增强理论指导，认清教育科研的本质、方向，准确掌握教育科研的特点、原则、基本方法、研究程序、研究方式及要求等研究必备的理论；第三，以课堂、班级为"实验田"，以教学为中心，以学生为主体，以解决教育教学生活中的实际问题和改进课堂教学实践为目标，把要研究的"问题"转化为课题，以课题带动研究，以研究促进教师和学校发展，在教学中研究，在研究中教学，实现研究与教学活动的有机统一；第四，要有问题意识，善于捕捉教育教学中的关键事件，采取参与式观察、教育叙事、行动研究和教育实验等多种方法，不断发现问题、收集信息、实践策略、解决问题、获得感悟，从而不断地改进自身的教育教学实践，提高自我专业素质；第五，要积极参加培训机构、学校组织的科研培训，参加优秀教师公开课、示范课、观摩课，教研组活动、教研报告和讲座等形式多样的教研活动，使自己成为自身发展科研能力的重要资源。教师的科研不同于专家的研究，它是一种基于实践的、有针对性的、实效性的、反思性的探究活动，是教、学、研同期互动的过程，只要肯投入精力去做，一定能使自己由科研的局外人成为局内人，变可能性为现实性，实现经验型教师向科研型教师的转变。

（5）自主合作——名优教师自主专业发展的依托。教师的自主专业发展不是一个人埋头苦干、孤军奋战的专业个人主义。教师自主进行专业发展并不意味着教师与外界脱离关系，把自己孤立、封闭起来，而是让教师自己主动、积极地追求专业发展，保持一种开放的心态，随时准备接受新的教育观念，更新自己的教育理念和专业技能。教师的劳动充满了复杂性、创新性、开拓性，在专业发展过程中难免会遇到教与学的矛盾、与学生发生冲突等多种问题、困难和障碍。这些难题有时单靠教师一个人的力量很难解决，如果处理不当甚至会产生焦虑、退缩的现象，影响到自身专业的发展。

因此，优秀教师应勇于面对自身局限，通过自主协作，充分发掘和利用一切有助于专业发展的潜在资源。例如，通过集体备课、案例分析、专题研讨、科研论坛、教学沙龙等途径，积极与校内外同行互动，实现知识与经验的互补，有效解决在教育教学过程中遇到的各种问题。放下"师道尊严"的观念，以合作者的身份参与到学生学习活动的各个环节，与学生共同学习、相互研讨，以便及时了解、准确掌握学生的各种情况，适时适当调控，与学生共同成长。积极拓展、走出校门，以促进学生健康成长为目标，通过参观访问、实地考察、社会调研等途径，深入社会、家庭，与社会和家长携手，形成教育合力。在合作研究过程中，与专职教育科研工作者、资深专家、学者展开合作，获取他们的理论指导和技术支持，学习相关研究方法和技巧，提高自身问题的研究和处理能力。作为团队一员的优秀教师应学会主动与他人协作，在学习型教师群体中实现资源共享，从而更好地推动自身的专业成长。

总而言之，教师专业发展是一种"造血机制"和"自主发展机制"。作为教师自身，应以积极的心态求进步、求发展，不等、不靠、不要，不断研究新情况、新环境和新问题，不断反思自己的教育教学行为，这样才能不断适应、有效促进教育教学工作。自主规划、自主学习、自主反思、自主研究、自主合作构建起了教师自主成长的阶梯。

（二）名师引领策略及其实施

名师引领是指培养和建设一支素质高、业务精湛、结构合理的名优教师队伍，并通过名优教师的示范、激励、辐射作用，引领教师的专业发展。要发挥名师的示范、激励和辐射作用，促进教师队伍整体专业水平的提高。名师引领作用发挥的方式、方法就是名师引领策略。

1.名师引领策略的内容

（1）目标导向策略。行动的目标是其所期望达到的效果，对引导、激励和调控实现目标的过程具有导向作用。为实现特定发展目标所采用的各种方法、措施、步骤和手段统称为策略。在教师专业发展过程中，教师应借鉴名师的经验，结合自身实际，制定切实可行的发展目标，包括长远、中期和短期目标。缺乏大目标会导致缺乏决心，没有中目标会削弱精神动力，缺少近期目标则使人懈怠。一旦确立目标，教师应积极付诸实践，并通过自身努力实现。

（2）团队指导策略。借助名师团队的力量，在名师团队的指导和帮助下，促进教师专业水平的提高。通过拜师等方式，在校内或校际间形成以名师为首、骨干教师参与的成长团队；通过对成员的综合考察、诊断，就其发展水平、方向、特点等要素共同做出客观、公正的评估，并在此基础上帮助每个成员制定专业的成长方案。作为一个共享互助的团队，要营造催人奋进的研究氛围，搭建民主、宽松、和谐的学术平台，让所有成员都积极参与，并从中得到锻炼。在制定个人成长方案时，要认真倾听其他成员的建议，共同讨论确定成长设计的重难点、实施策略等，通过归纳、比较、优化，形成一个比较适当的方案。成员在每一个阶段的实施过程中，都要重视名师的指导作用，吸收同伴的建议，并逐步加以改进与完善。

（3）互动交流策略。根据学科、年龄和区域等特点，建立以名师为领路人的成长团队。为了加大沟通交流的力度，更好地营造学习、研究、合作的氛围，名师与成员、成员与成员之间不仅需要进行多维互动交流，还需要加强与其他团队之间的联系与交流。多维的角度、迥异的风格、不同的策略在交流中碰撞、升华，可达到启迪智慧、答疑解惑、取长补短、共同进步的目的。

（4）实践评价策略。秉持理论研习与实践探索相融合的原则，倡导行动研究，推动教师在教育教学过程中深入研究学生、课堂及学业评价，探索人才培养规律。尽力为每位教师提供丰富的研习与实践机会，促使他们迅速成长，共同打造卓越的教师团队。在知名教师的指导与组织下，学校定期举行研究课、比对课、汇报课及课例反思等活动，参与科学、规范的教学过程，营造"工作与研究相互促进、相辅相成"的优良教研氛围。

（5）持续发展策略。教研与科研的终极目标并非仅解决若干具体教学问题，而是通过问题解决的过程，促使教师品质不断提高。学习构成教师发展的原动力，追求卓越是名师所共有的特征。因此，每位教师均应致力于追求更高境界，成长为具备可持续发展能力的优秀教育工作者。为实现此目标，教师需秉持终身学习理念、养成良好的学习习惯、借鉴先进的教育思想，使学习成为生活的重要组成部分，争做学习楷模，努力实现自我评价、自我调控及自主发展。

（6）课堂教学研究策略。课堂教学研究是教师专业得到持续发展最重要的平台。要在名师的指导、帮助下，就教学中的热点、难点和困惑问题，作为课题进行深入研究探讨，随着研究的深入，逐渐找到解决问题的方法。在研究中要善于总结和反思，定期撰写教学反思、教育叙事、教学案例，使教师在总结中提升，在反思中成长。

2.名师引领策略的实施

名师引领策略的实施主要有实施目标、实施原则、有效实施三个方面。

（1）名师引领策略实施目标。第一，进一步规范和强化名优教师队伍建设工作，坚持培养和使用并重的原则，构建名优教师培养、提高、管理、使用的有效机制，形成以学科教育教学专家和教坛名师为引领、骨干教师辐射带动、全体教师共同发展的格局；第二，加大高水平名优教师的培养力度，发掘和培养一批有独特建树，在全市、全省乃至全国有较大影响的教育教学专家，逐步使名优教师的数量、质量、结构、分布情况都能满足教育改革和发展的需要。

（2）名师引领策略实施原则。

第一，主体性原则。教师是"教师专业发展促进工程"的主要践行者，是教师专业发展的主体。名师引领策略的实施坚持以教师为主体，尊重教师的个体差异，不断唤醒教师专业发展的自觉意识，激发教师专业自主发展的内驱力，鼓励教师成名、成家。

第二，互动性原则。倡导名师和名师之间、名师与教师之间及教师与教师之间的互相交流、相互借鉴、相互帮助、互相促进，以达到资源共享、共同提高的目的。

第三，实践性原则。名师引领策略研究立足于教育教学实践，坚持在实践中学习，在实践中研究，在实践中发展，使实践成为教育教学专家和名师成长的土壤，成为促进教师专业发展的助推器。

第四，系统性原则。名师培养和名师引领作用的发挥是着眼于提高教师队伍整体素质的一项系统工程，需要整体规划、分步实施，形成名优教师的组织、管理、培养和使用相协调、相促进，教研、科研、培训等部门各司其职、密切配合的工作格局。

第五，开放性原则。对名师实施开放、动态、竞争、有序的管理机制，定期进行考核、评估，以保证名优教师的先进性，更好地发挥其"领头羊"的示范带动作用。

第六，前瞻性原则。在名师培养、管理和使用上，始终保持适度的超前性和跨越性，体现时代精神和战略意识，建构具有地方特色的名师培养体系及培养各具特色的名师个性。

（3）名师引领策略有效实施。

第一，修身立德，率先垂范。教师的崇高品质和道德修养是其立足之本，亦是其专业发展的重要环节。教师队伍建设的核心在于师德建设，为强化教师师德，提升其道德修养，应在教师群体中树立师德典范，倡导尊崇师德、弘扬师德的风气。坚持以正面引导，榜样激励，通过多渠道、多层次的方式，进行各种形式的师德教育。

第二，师徒结对，合作共进。名师是教师中的精英，是教师群体的领路人。他们具有丰富的教学经验、先进的教学理念、掌握一定的现代信息技术教育手段、拥有深厚的教育理论功底。为充分发挥名师效应及其引领作用，使青年教师从名师的教书育人和教育科研的经历及他们成长的心路历程中，受到启迪和感悟，做到学有榜样，赶有目标，可以举行名师—青年教师师徒结对仪式，每位教育教学专家培养对象吸收3~5名教坛名师培养对象为徒弟、每位教坛名师培养对象吸收3~5名青年教师为徒弟，这样就形成了一个"家族链"，即导师、名师、青年教师的师徒关系。导师从带德、带才、带教、带研四个方面引领徒弟，导师与培养的青年教师一起探讨新的教学理念，共同备课，互相听课、评课，帮助青年教师设计成长目标，促进青年教师的专业化成长，并在带徒过程中，与徒弟共同进步，实现双赢。

第三，跟踪指导，标本兼治。打造"专家—专家培养对象（名师）—教坛名师培养对象—青年教师"专业发展的"家族链"，形成一个学科航母。家族成员之间亲密无间，可以随时随地进行教研，导师指导徒弟备课，跟踪徒弟听课，及时交流反馈，使引领落到实处，促使青年教师一次比一次有所改进，有所提高。青年教师在备课、上课、评改作业中遇到的问题和困惑，可以随时请教导师、随时向导师点课、随时观摩导师上课，导师的课堂教学始终向徒弟敞开，使青年教师们能够学习到名师教学理念的落实、课堂调控的技巧、引导学生的艺术，并且从中学习名师钻研教材的功夫、求真求美的精神。

第四，精品课堂，资源共享。在名优教师队伍中开展"我的精品课"建设活动，要求每一位名优教师的培养对象至少完成一节"精品课"的打磨和建设任务，各学科教研员深入学校对名优教师的"精品课"进行检查和指导，从磨选题、磨目标、磨环节、磨学生、磨活动五个方面进行精雕细刻，并完成多节精品课的录制和文本材料的制作。各学科组织开展的精品课例展示交流活动，使青年教师深受启发。

第五，送教下乡，示范引路。为了促进农村教师专业成长，实现教育资源共享，以及推动基础教育均衡发展，高校可以定期举办名师下乡传授教育活动。此举为农村教师提供了一个亲近名师、借鉴其经验、理解其教育理念、感悟其教学风格的平台，使他们在与名师的交流学习中，不断提升自我，实现与名师的共同理解、共享资源、共同进步。

第六，课题带动，科研引领。实施课题带动策略，鼓励和引导教师参加教育科研是推动教学研究、提高教师专业水平的有效途径。本着人人有课题、题题有成果、工作课题化、课题工作化的原则，对课题加强组织和管理，努力做到"三结合"，即课题研究与课改相结合，与日常教学工作相结合，与教师的专业成长相结合。新课程倡导教师要做研究者，名优教师培养对象在参与教育科研过程中要不断总结教学经验，升华教育理论，形成自己的教学思想，创造自己的教学特色。名师的科研意识、科研水平对年轻教师起到了引领和示范作用。

第七，培训学习，理论导航。以名师和骨干教师为龙头，定期组织专题理论学习和系统培训，夯实专业知识，提高业务技能。同时，加强继续教育和常规培训，采取集中培训与分散培训、全员培训与重点培训、请进来与走出去相结合的模式，使教师全员进修实现制度化、常规化，真正实现专业成长。

二、名师引领策略对教师发展的促进

社会呼唤优质教育，优质教育呼唤名师。采取有效的名师引领策略，建设一支高素质的教师队伍，是提高教育教学质量，实现教育现代化，促进教育健康、和谐、可持续发展的长效举措。名师引领策略对教师发展的促进主要体现在以下几个方面。

（一）拓宽教师教育国际化视野

所谓教育国际化，就是用国际视野来把握和发展教育。经济全球化把世界连成一体，经济的国际化需求引发了人才的国际化需求，人才的国际化需求引发了教育的国际化需求。各国综合实力的竞争，归根结底是人才的竞争。谁拥有数量多、素质高、具有创新精神和富于创新能力的人才，谁就能把握社会经济发展的主动权，在激烈的竞争中立于不败之地。培养"国际人才"已成为世界性人才战略潮流，也已成为素质教育的目标之一。因此，要培养出具有全球意识、国际视野、跨文化交流能力、开放思维，懂科技、通外语、会经营、善管理，通晓国际贸易、金融、法律知识，拥有较强的国际市场竞争能力的高素质人才，必须首先拓宽教师的国际化视野。只有教师"开眼看世界"，站在世界的高度上，面向世界来观察和考虑我们的教育发展；制定教育改革发展的目标和规划；重视和研究经济全球化、世界科学技术、教育改革发展的动向，借鉴先进国家的教育理念和教育经验，把本国教育融入国际教育，使教师更具世界知识和世界眼光，才可能让我们的学生能够"胸怀祖国，放眼世界"，自觉地把自己培养成具有国际意识、国际交往能力、国际竞争能力的人才，才能有志于把我国的教育迅速提高到国际先进水平。

（二）促进教师对新课程理念的落实

基础教育课程改革是全面推进素质教育的主要内容之一，也是我国最大规模的基础教育创新工程。课程改革使我国的基础教育从理念、课程、教材、教法等都发生了根本性的变化，教育的改革与发展对教师素质提出了新的更高的要求。教师是课程改革中最重要的人力资源。课程改革的深入，教学质量的提高，"成在教师，赢在管理"。因此，名师引领策略的深入实施，更新了教师的教育观念，转变了教师的角色，树立了新的师生观、教学观和课程观。教师真正成了新课程的重建者、服务者、参与者和研究者。教学过程是师生交流、共同发展的互动过程，教师既是学生学习的导师，也是学生学习的朋友；既是教与学的合作者，也是学生发展的促进者；既是达成教学目标的"学习共同体"的一员，也是学生学习的引导者。教学过程不仅是教师忠实地执行课程的过程，而且是师生共同开发课程的过程，执行课程是一种动态的、发展的、富有个性化的创造过程。

（三）促进教师整体素质提高

优秀教师在特定学科领域具有影响力和感召力，是相应群体的核心。他们的教育教学理念、方法和评价更具先进性，易于被同行认可并接受。通过发挥优秀教师的示范、辐射作用，可以实现优质教育资源的共享，并聚集优秀人才，形成优秀团队。在名师引领策略研究中，应积极倡导名师效应，通过对话（信息交流、经验共享、教学论坛、专题讨论）、协作（师徒结对、名师送教、名师交流）及观摩学习（包括教材深度解读、课堂教学观摩、作业处理、学生管理等专题展览和介绍），促进教师间的坦诚、互助、共进。

不同年龄、资历和能力的教师在专业发展中展现出的素养差异，成为名师引领策略研究的重要资源。教研组、年级组、备课组、课题组等名师引领全体教师的有效载体是合作，只有通过这种群体性引领互助，才能避免教师专业发展陷入"孤立无助"的境地。在此过程中，优秀教师的引领作用不可或缺。他们能够客观地反映教育工作中存在的问题，并为一线教师提供合理的解释和积极引导。

名师犹如路标，指明教师专业发展的方向，向教师提供多种发展策略和建议。他们可以借助科学理论、严密逻辑和实践业绩，帮助教师总结经验、提升实践智慧、发展科学的教育行动理论。优秀教师能团结一批志同道合的教师，共同探讨和教育研究，构建学习研究共同体。他们如同催化剂，促进教师理论知识与实践经验的融合，激发教师在专业发展道路上实现量变到质变，最终成功生成教育智慧、建立教育思想体系。因此，名师的引领推动了教师整体素质的提高，提高了教育质量，促进了教育事业的发展。

（四）有效促进学校可持续发展

现代学校的可持续发展必须打造学校品牌，彰显办学特色。品牌是学校的名片，特色是学校的生命线。特色就是优化学校行为过程及其活动的良好结果，它是积极的、先进的教育价值观念的体现，能满足社会和公众的需求。实现特色就是创优的过程。在打造学校品牌的过程中，名师引领策略起着决定性的作用，学校培养名师，名师打造名校。名师发展名校，学校有了一定数量的名师，自然就提高了教育教学质量，培养出更多更优秀的人才，从而得到社会的认可和家长的赞誉，学校也逐渐有了名气，发展成为名校。一名教师要想成长为名师，要以名师为榜样，拜名师为师，向名师学习，经历品行的修炼、智能的积累、智慧的积淀、实践的锤炼、潜能的激发、思维的修炼与毅力的考验等，最后获得成功，这是一个自然成长的过程。在这个过程中，我们的课题实验学校不但为名师的成长提供了制度保障，而且营造了良好的文化氛围，使教师在一种平等、互动、交流、合作的教学生态环境中，自我更新、自我完善、自我发展，在发展过程中使一大批骨干教师、名优教师和学科专家脱颖而出。以名优教师的群体为"领头雁"，去影响、带动整个教师队伍，提高教师队伍的整体素质，实现教师队伍专业化的突破性进展，从而提升学校的竞争力，为学校的可持续发展奠定基础。

第三节　教师发展的同伴互助策略及实施

为促进教师的专业发展，创造性地实施新课程，各校都建立了"以校为本"的教研机制，教师个人的自我反思、集体的同伴互助、专业研究人员的"专业引领"为开展校本研究和促进教师专业成长的三种基本力量。其中，教师间的同伴互助是校本研究的标志和灵魂，有助于突破教师之间的相互隔绝，形成一种相互协作、相互支持、相互促进的新型的学校文化，这种新型的学校文化能有效地促进教师的专业成长。

一、同伴互助与同伴互助策略的实施

（一）同伴互助的解读

1.同伴互助的含义

同伴互助是指两名或两名以上同一层级的教师之间发生的、以专业发展为指向、通过多种手段开展，互相支持并着力解决共同面对的教育教学问题的专业生活方式。具体可以从以下三个方面来理解。

（1）同伴互助的参与主体是同一层级的教师，其含义并非指年龄、职位、资历等的一致，而是指同伴之间的一种开放心态，即双方在心理上平等。同伴教师在人数上可以是两个也可以是多个，在人员组合上则可以灵活多变，可以是同一学科的教师组合，也可以是不同学科的教师组合。例如，语文教师可以与同学科的教师组合，也可以与其他学科的教师相组合；新教师可以与资深教师组成一组，也可以与其他新教师相互组合。但是要注意无论什么样的组合，其最基本的原则都是双方的选择自愿，双方的地位平等，双方是互助的合作关系，不存在主次之分，不是一方占主导地位，另一方只是陪衬，而是双方互惠互利、共同进步。

（2）同伴互助中教师的影响与作用是相互的，并且是正向的，即相互支持。采取的方式与手段则多种多样，可以是课堂教学观摩，也可以是共同研讨、课堂观察、教学论坛、开展竞赛和共同参与教育研究等。无论哪种方式，都要注意教师间是相互合作、共同进步的。

（3）同伴互助是有任务指向的，即同伴教师共同面对教育教学实际问题，分析解决问题的过程即是教师作为专业人员以其独特的研究方法进行研究的专业生活，以教师的专业发展为最终指向。

2.同伴互助的理念

在同伴互助的过程中，双方彼此倾听、讨论，甚至争论如何触及问题的核心、如何妥善地解决面对的问题，都需要教师从行动上彼此敞开自己的课堂大门，邀请同伴教师共同面对以前独自面对的课堂；需要教师从思想上敞开心门，接纳对方。

（1）对话——同伴互助的基本形式。教师同伴互助作为一种教师间的互动行为，其核心议题在于同伴教师之间的关系构建。在此过程中，参与互助的教师作为主体，首先建立在心理平等的基础上，这种平等并非基于职位、年龄和经历的相似度，而是双方在心理上的平等。在同伴互助的框架内，教师各司其职，在平等的基础上合作解决问题，共同促进学生发展并提升自身专业素养。

同伴教师间的基本交流方式为"对话"。如果双方都局限于自我视角，习惯从自己的角度审视和判断问题，那么任何一方都难以实现较大发展。对话的进行需遵循一定规则，双方应在平等的基础上表达自己的明确认识和立场，同时倾听他人的观点，与各种对立声音展开对话，理解各种观点和立场产生的原因，共享彼此对世界和意义的理解，从而站在更高更新的角度审视问题。

在同伴教师之间，对同一问题的看法允许存在差异或分歧，而缩小差异或消除分歧的手段便是对话。双方不仅要使自己的观点为人所理解，还需努力了解同伴的想法，探讨差异或分歧产生的原因，从而实现解决问题的目标。教师同伴互助的过程实质上是教师不断沟通与实践的过程，其中对话作为基本形式贯穿始终。

（2）发展——同伴互助的全程取向。关于学校观课活动，通常包含两种评价目标：一是成果评价，旨在评估教师教学水平，甚至在某些情况下决定教师聘用与否；二是过程评价，用于对比和鉴别参与教师专业发展项目的教师教学水平，以期优化项目环节，提升教师专业素养。有时，同一场观课活动兼具这两种目标。

针对总结性评价目标的观课活动，观课教师深知"失败"所带来的"风险"，因此往往采取保守策略，避免选择困难或具有挑战性的课题，而是选择相对简单或已熟练掌握的课题，以期获得较高评价。在日常各类赛课活动中，教师往往选择呈现已演练多时的课程，原因即在于此。相反，若课程不以成果评价为目标，教师则无须为此担忧。双方可共同面对困难或具有挑战性的课题，通过讨论、分享或互相鼓励来解决问题。在此过程中，"失败"不再是"风险"，而是提高自身能力和专业素养的宝贵机会。

简言之，同伴互助观课活动须摒弃成果评价，以促进教师专业发展为唯一目标。教师专业发展计划应致力于推动教师专业成长，有利于学校改进，并最终为学生发展服务。若偏离此方向，教师专业发展计划将失去其存在的意义。

（二）同伴互助策略及其实施

同伴互助策略及其实施包括同伴互助策略的特征和同伴互助策略的实施两方面的内容。

1.同伴互助策略的特征

（1）导向——明确的目标。教师同伴互助策略除了增强教师的合作能力、促进教师集体的专业发展、提高校本教研绩效这些长期的宏观目标外，还有更为具体、微观的目标，即阶段性目标。教师同伴互助策略在教研活动开始前就会明确地告知教师此次教研活动应该习得的知识、解决的问题和达到的目标，这样教师在教研活动中就可以有的放矢，知道怎样合作互助才能达成任务，这种策略能收到良好的效果。

（2）出发点和目标——教师集体的共同进步。不同于以往以问题为中心、围绕问题展开的校本教研模式，教师同伴互助策略是以教师为中心，围绕教师集体发展和共同进步展开，并以教师集体能力的提升为目标。同伴互助策略希望通过教师间同伴互助活动的开展，帮助教师理解合作、学会合作、乐于合作，并通过教师间的合作互助促进每一名教师的发展。国外研究显示，教师同伴间的互助合作不仅对新任教师和普通教师有帮助，对有经验的教师和骨干教师同样有帮助。由此可见，教师间的同伴互助可以使整个教师集体的教育教学能力不断提高。

（3）基础——教师间的相互信任。相互信任包括互相信任对方的人品、信任对方的能力、愿意维护对方的面子和愿意与对方分享观点和信息。相互信任是人与人之间真诚沟通的基础，也是人与人之间相处融洽的保障。相互信任会促进人与人之间的合作行为。教师同伴互助是教师间的一种合作活动，这就使得教师同伴互助策略必然要以教师间的相互信任为基础，崇尚教师间的诚实、协作，强调教师间相互信任氛围的形成，使教师间的同伴互助建立在坚实的相互信任的基础之上。

（4）手段——教师间的良好沟通。良好的沟通是实现合作互助的前提和手段，教师只有通过沟通才能相互了解、相互信任，而只有教师之间开诚布公、坦诚相待，毫无保留地将自己的知识和经验与其他教师分享，教师间的同伴互助才能真实有效。教师同伴互助策略以教师间的良好沟通为手段，关注教师在经验、技能、为人处世等多方面的交流和沟通，并注意保证教师之间信息沟通渠道的通畅，以使教师在相互了解、相互信任的基础上展开合作互助，保障教师同伴互助策略的效率和效果。

（5）组织形式——团队。教师同伴互助策略以教师专业团队为基本的组织形式。不同的教师围绕不同的目标或任务组成不同的教师专业团队。教师专业团队以不强迫教师参加为原则，成员可根据教研内容、目的和任务的不同进行调整。教师同伴互助策略以教师专业团队作为基本的组织形式，其原因主要在于教师是校本教研的主体和实践者，教师同伴互助策略采用团队的形式，能够通过团队精神和团体规范的形成促进成员之间的合作，形成成员间互相帮助和支持的氛围，增强成员间的信任感和成员对团队的归属感。

（6）动力——教师角色的不断调整。教师同伴互助策略的模式与以往校本教研模式的最大区别在于它强调教研过程中教师角色的不断调整，强调根据教师的特点、兴趣、特长等给予其充分展示自己的角色和空间，以调动教师参与校本教研、进行同伴互助的积极性和主动性，进而提高校本教研的质量和效果。在教师同伴互助策略中，教师间是同伴关系，教师合作互助的目的在于解决问题并提高自己的能力。为了更好地解决和处理不同问题，教师的角色会经常发生转换，如在围绕某一课题研究展开的同伴互助活动中，由于教师知识结构、兴趣特长和能力等的不同，有的教师作为主持者、有的教师作为执笔者、有的教师作为记录者；而在将新课程的理念转化为教学行为的同伴互助活动中，曾作为主持者的教师可能变成学习者，曾作为执笔者的教师可能变成倡导者和主持者。

2.同伴互助策略的实施

（1）同伴互助策略实施的原则。教师同伴互助策略的实施原则是实施教师同伴互助策略应遵循的基本要求，了解、掌握并恰当运用这些原则是教师同伴互助策略目标得以实现的重要保证，其基本原则包括以下五个方面。

第一，自主性原则。自主性原则是指教师进行同伴互助要以自愿为基础开展活动。自主性原则主要体现在教师参与同伴互助活动、教师选择同伴教师、教师决定互助活动领域三个方面。首先，由教师自主决定是否参加同伴互助活动，避免由于强迫教师参与引起教师的抵抗情绪，从而导致活动无法有效地开展；其次，在教师决定参与同伴互助活动后，允许教师按照自己的意愿来选择同伴；最后，教师同伴互助要开展哪些活动，最终达到什么样的目的，由教师同伴共同讨论，自主决定。

第二，合作性原则。合作性原则是指教师同伴互助要以建立教师间的合作和伙伴关系为核心。合作性原则强调教师在同伴互助活动中是平等参与的关系，强调教师之间良好沟通、相互信任及合作氛围的形成。合作性原则要求教师在同伴互助活动中建立起融洽的人际关系，毫无保留地与其他教师分享知识、经验和信息，开诚布公地指出其他教师的缺点和不足，共同研讨，解决问题，以促进教师集体的共同发展与进步。

第三，开放性原则。开放性原则是指教师同伴互助策略实现的手段可以是多种多样的，不必拘泥于一种形式。因为校本教研是基于本校及本校教师、围绕解决本校问题开展的一种研究活动，每所学校的设备、条件、氛围不同；每位教师的能力、兴趣、特长不同，教师面对的学生在知识结构和学习状态等方面也不同，这就需要教师同伴互助策略坚持开放性原则，针对学校、教师和学生的具体情况采取相应的方式来确保策略的有效性。

第四，目的性原则。目的性原则是指在教师进行同伴互助前使教师明确同伴互助活动的目的。此目的包括两个层次：一个是同伴互助的长期目标，即促进教师的专业发展，提高教师的教育教学能力，要向教师解释清楚同伴互助对任何水平的教师都是有益的；另一个是同伴互助的近期目标，即本次同伴互助活动要解决的具体问题、完成的具体任务。目标是教师同伴互助的校本教研模式的导向，只有目标明晰，模式才能高效、有序地运作。

第五，反思性原则。反思性原则是指教师同伴互助策略既强调教师集体合作互助，又强调教师的反思与自主发展，关注教师教学行为背后的观念及态度。反思性原则要求教师不能完全依赖于同伴，要在同伴互助活动的过程中持续进行自我反思，以实现自身的发展和提高。教师同伴互助策略的最终目的在于促进教师反思，推动教师自主自觉地专业成长。因此坚持反思性原则，在教师互助合作的过程中起到重要作用。

（2）同伴互助策略实施的程序。

第一，建立校本教研团队。校本教研团队的建立过程也就是组织和设计校本教研团队的过程。校本教研团队的建立既可以是教师自发的，也可以是学校行政组织的。教师自发的校本教研团队，通常是有共同问题或需要的教师围绕特定的任务组织而成的，可以有一个或几个倡议，其他有志的教师自愿参加，学校给予一定的支持；通过学校行政组织的校本教研团队，通常是以学校现阶段所面临的主要问题为核心，招募在此方面有特长的教师组建，以教师自愿参与为原则。建立校本教研团队阶段要考虑团队的规模、成员的构成等问题。校本教研团队的成员构成可以是同质的（同学科、同特长等），也可以是异质的（不同学科、不同职务、不同特长等），就效果而言，一般认为异质的团队能收到更好的效果。从多元智能的角度来看，异质团队的教师在智力结构上差异较大，可以从多角度对问题进行思考，有助于问题的解决。

第二，确定目标。目标是行动的导向，明确的目标可以为行为提供动力和指引。校本教研的目标是促进学校、教师、学生的共同发展和进步，其导向性和正确性是毋庸置疑的。但面对这样一个长远且难以测量的目标，教师很难找到行为的切入点，也就无法付诸实践。因此，教师同伴互助策略在实施中要求团队确立近期的目标和任务。近期的目标是指当前要实现的、具体的、通过努力可以达到的目标。校本教研的近期目标可以先由团队中的教师针对自身需要和有待提高的方面分别提出，再由团队教师共同讨论、确定，这样教师才能认同和接纳、采取更多的有助于目标实现的行为。在校本教研团队运行的初期，团队目标的确定可能出现过难或过易的情况，这是团队发展过程中在所难免的，随着教师的不断发展和提升，教师间交流与沟通质量的提高这一情况是可以解决的。

当前校本教研团队的任务是依据团队的近期目标确定的。在保证目标的具体性、可实现性及团队中教师对目标的认同后，根据近期目标确定的任务就是校本教研团队中教师所面临的、需要通过互助合作共同解决的问题，是校本教研团队中教师的共同责任。

第三，明确角色。角色是团队成员所具有的特定的行为模式，角色反映团队成员的工作职能，相应的权利、义务和责任。在教师同伴互助的校本教研团队中，教师之间是平等、互助的关系，但由于解决问题的需要，教师也需要承担不同的角色、责任，完成相应的任务。校本教研团队中教师所扮演的角色是团队成员依据校本教研任务的性质、教师个体的特点和智力结构等协商确定的。

随着教研任务的不同，教师所承担的角色也会不断变更，教师可以轮流在团队活动中扮演领导角色。例如，组织讨论时要由组织能力强的教师扮演领导角色，进行示范教学时要由教学技巧好的教师扮演领导角色，进行教学观察时要由观察能力强的教师扮演领导角色等。这样既能使教师的特长、潜能得到充分的展示和发挥，提高教师团队工作的积极性，又能保证团队合作氛围的形成，使教师无论担任何种角色都能与其他同伴真诚合作，共同进步。

第四，检验策略。在这一阶段，教师团队成员要将通过合作互助探寻出的解决问题的方法付诸实践，在教育教学过程中予以验证，以确定此种方式和方法是否符合实际、是否有效。如针对课堂教学效率不高的问题，教师团队通过对理论的消化、经验的总结等，共同研究、探讨出的一种新的教学模式必须在团队教师的课堂教学中进行检验。在检验的过程中，团队的教师要互相观察，及时反馈，以便对模式的不当之处进行调整和修改，使之达到提高课堂教学效率的目的。在这一阶段，教师间同伴互助的主要任务是通过对教师同伴课堂教学等教育教学实践的观察，考察团队中教师的理念和行为是否与问题的解决策略相一致，并辨别问题解决策略是否得当。如果在教师的实践中存在误差，同伴教师要及时指出，并帮助其修正；如果策略本身存在问题，就需要教师团队根据实践进行调整，之后再进行实践检验。

第五，开展活动。教师间开展团队教研活动的过程就是解决学校和教学中存在的问题、完成校本教研任务、实现校本教研近期目标的过程，这个过程是教师同伴互助策略实施的核心阶段。在这个阶段中，教师可以通过多种形式进行互助合作，以便更加完善地解决问题。最终采取哪种形式由教师的意愿及校本教研的任务决定。通常可以采用研习、示范教学、互助式练习与反馈等形式。研习指教师之间以小组的方式对学校或教学中出现的问题共同进行研究和探讨，以解决实践中的困惑与问题，促进自身提升的形式。示范教学指由团队内的一名教师进行示范教学，其余教师通过观察领悟教学要领和技巧。在示范教学后，示范教师要与听课教师共同交流研讨，实现及时的反馈与互动。互助式练习与反馈指教师以团队成员为教学对象，轮流进行微型教学，教师同伴们提供适当的协助、课堂教学观察与反馈意见，然后再以某一程度较好的班级为教学对象，试验新的教学方法或模式，同伴教师进入课堂进行教学观察并提供教学反馈意见的形式。

第六，总结反思。总结反思阶段是教师团队对前五个阶段进行深思熟虑与整理的过程，也是教师及教师团队实现发展与成长的核心环节。在这一阶段中，一方面，教师团队需要总结在问题解决和同伴互助中所暴露的问题及取得的成果，以推动教师团队协作日益成熟和教师群体的持续发展；另一方面，教师个人需要不断进行自我反思，以实现自身专业素养的提升。教师团队及教师个人的总结反思可采用多样化的形式，包括口头形式的对话、辩论、研习，以及书面形式的课后笔记、反思日记、教学论文等。选择何种形式应充分尊重教师团队和教师个人意愿，避免因强制性规定而导致形式化现象。

（3）同伴互助策略实施的途径。同伴互助强调教师集体作用，强调教师间的相互切磋与合作，互相学习，彼此支持，共同分享经验。它的形式是灵活多样的，不同学校和不同教师群体的要求不同，选择实施的途径也不同。以下是同伴互助策略实施的九种途径。

第一，师徒结对。师徒结对就是师傅带徒弟，即中老年教师收青年教师做学徒，青年教师向中老年教师学习教学经验的一种教师之间为了提高专业水平而进行互帮互助的合作学习形式。师徒结对历史比较悠久，是目前仍具有较强生命力的教师互助形式。师徒结对通过签订"师徒合同"，定目标、定方法措施，因材施"培"，"导"学相长。教学经验丰富、教学成绩突出的优秀教师帮助和指导新任教师，使其尽快适应角色和环境的要求。师徒结对要求"徒弟"积极听课，实地感受教学过程，学习成功教学经验，"师傅"要经常深入"徒弟"的课堂，了解其不足，并有针对性地给予指导。师徒既要各展其长，又要相互帮助、相互学习、优势互补，促进师徒各自的专业成长。

第二，听课评课。听课评课是指学校内或学校外教师间相互听课和相互评课。课堂是教师的工作间，是教师生命呈现的主要场地，教师的知识、能力甚至人生态度等，绝大部分是通过课堂教学表现出来的。教师间相互学习，主要是学习课堂教学的知识、技术、经验、机智和艺术；教师间相互帮助，主要是针对课堂教学中存在的问题进行帮助。因此，在教师互助中要特别重视听课和评课。首先，听课评课是教学研究的重要组成部分，每一项教学科研成果都是通过听课评课来完善的；其次，听课评课为教师专业发展搭建了平台，新的教育教学理念渗透、方法的运用、策略的拓展，都可以通过观摩案例来获得，是教师发展最快捷、最有效的途径之一；最后，听课评课也是教师与教师、领导与教师之间互相沟通、加强联络、和谐关系的手段之一。在当前课程改革的背景下，通过听课评课研究改进教学中存在的问题尤为重要，它是参与者在相互提供教学信息，共同收集、感受和充分拥有课堂信息的基础上，围绕共同关心的问题进行对话和反思，以改进课堂教学，促进教师专业成长的一种研修形式。

第三，集体备课。集体备课是教师在个人充分备课的基础上，根据备课内容的需要，由教师自发或学校牵头组成一定的教师群体，针对教师个体在备课方面难以解决的教学问题，采取讨论、交流、讲座等形式来解决问题的研究活动。

集体备课多采用以下模式。①以活动的形式为标准，可分为汇报讨论式、辅导点评式和论坛交流式。②以集体备课活动的过程为标准，可分为三段式集体备课和四段式集体备课。三段式集体备课是指准备活动、集中活动、教后活动；四段式集体备课是指课前个人初备、集体说课和课后议课、研究探索四个阶段。③以集体备课组的成员组成情况为标准，可分为校内备课和校际备课。校内备课可分为同学科备课和跨学科综合备课；校际备课可归纳为三类：区域式备课、联校式备课和网络式备课。④以集体备课的内容为标准，可分为以一堂课、一单元、一册书、一个主题或一个研究课题为主题的集体备课活动。⑤以备课时间为标准，可分为学期初的集体备课、日常教学中的集体备课和考试后的集体备课。各种方式的集体备课既能集中教师的智慧，又不过分加重教师负担。但集体备课只是借助集体的智慧和力量，备课方法需集体商量和研究，其核心还是需要教师个人认真地、全面地、深入地钻研教材和了解学情。离开了教师个人努力，任何形式的备课都将是不被允许的。为此，集体备课能很好地促进教师自身的专业发展。

第四，课堂观察。作为一种研究课堂的方法，课堂观察源于西方的科学主义思潮，发展于20世纪五六十年代。课堂观察就是通过观察课堂的运行状况进行记录、分析和研究，并在此基础上谋求学生课堂学习效果的改善、促进教师发展的专业活动。与一般的观察活动相比，它要求观察者带着明确的目的，凭借自身的感官及有关辅助工具（观察表、录音录像设备），直接或间接地从课堂上收集资料，并依据资料进行相应的分析、研究。课堂观察打破了传统的听课评课方法，它主张围绕新课程目标，对课堂教学中的教材、教师、学生和教育资源等四个维度进行观察评价，是用评价引领教育活动，将教师带入研究状态的有效途径。课堂观察对改善学生课堂学习、促进教师专业发展和形成学校合作文化等都有着极其重要的意义；它是教师日常专业生活必不可少的组成部分，也是教师专业学习的重要内容。课堂观察的程序包括课前会议、课中观察、课后会议等主要步骤。

第五，讨论交流。讨论交流是教师间在面对问题时坦诚发表观点、分享思想的一种互动方式，这种交流不受时间、地点和条件限制，内容丰富且广泛，是教师同伴间最便捷、成效最佳的互助形式。同伴间有许多需要和能够讨论交流的主题。首先，要乐于交流。教学是一项个性化的智慧劳动，在实践过程中，教师常常会遇到各种困难和问题，并从中思考和探索。若将这些思考及时与同伴分享，或许能带来更清晰的思路和更深刻的认识，从而更容易克服或解决困难与问题。若个人独占想法，不仅不利于自身提升，而且不利于问题解决。其次，要善于交流。教师们长期共同生活和工作，彼此熟悉。通过相互听课和研讨，会对同事的某些思想、认识和做法产生不同看法，甚至持有异议。作为同事，应坦诚且有策略地将自己的观点传达给同伴，使其了解到不同看法后，能认真进行反思，调整自身思想、认识和做法，从而促进认知的提高和工作的进步。最后，要诚于交流。教师工作中经常需要撰写教学设计、随笔反思、工作总结或学术论文等，自我修改难以突破自身局限。若将文稿请教同事，或许能获得新的发现和收获。同事会从自身立场、观点和视角出发，易于发现文稿中存在的问题，甚至对文稿的材料、观点、价值提出疑问，有利于文稿质量的提高。因此，教师间应坦诚交流，互相借鉴学习，拓宽视野、提高水平。

第六，教学观摩。公开课教学观摩是指学校根据教学任务和教学目标，定期组织的全校性的公开课教学交流活动。通过公开课的教学观摩，可以弥补教师的不足，教师间可以取长补短，共同提高，共同进步。同时教学观摩使教师有相互交流与学习的机会，有助于教师深入研究教学，提高教育质量，为教研活动提供了具体的案例，激发教师专业发展的动力，切实提高课堂教学质量。教师之间可以相互分享备课资料和课堂教学技巧，共同分析教学情况，共同切磋教学改进策略，学习彼此的教学经验，加强教师对自我教学的关注和改进，促进教师自我的专业发展。

第七，开展竞赛。教育观念辩论赛及各类竞赛是教师间最具激情的交流互动形式，尽管其激烈程度已不如以往，但依然"硝烟弥漫"。

学校通过举办辩论赛、备课赛、学案设计赛、讲课赛、"每人一绝"教学基本功赛及教育学院主办的"学苑杯"竞赛等活动，为教师提供了观念碰撞的平台，促进了深层次互动，激发了教师多角度、深层次的探索与思考，从而有利于教师专业发展。

第八，网络互助。网络互助就是以提高课堂教学质量为核心，将教师同伴互助群体及与之相适应的教研活动进行精心设计而构建成的相互联系、相互促进、纵横交错的网络式的活动系统。网络式教研为教师团队协作学习和交流提供了一个虚拟社区，为一线教师构架了一个民主、平等、尊重、和谐的展示自我和交流学习的平台，促使教师养成教学研究兴趣和学习习惯。为了有效利用这一平台，可以采取多种形式。比如，教师可以利用教育博客开展网上备课，在网上搜索、收集、整理、链接获取并运用网络资源，同时将自己的教学设计提前发布到个人博客里，让联片的同学科教师进行点评、研讨、学习、借鉴，经过一段时间的讨论交流，发表自己的见解，提出修改意见，并结合教学实际，修改完善自己的教学设计，再应用于课堂教学实际；也可以利用QQ聊天工具，在网上即时进行在线交流互动。这种方式扩大了交流的范围，跨越了空间的限制，可以在一种宽松的氛围内完成教研。开展"网上沙龙"也是经常采用的一种研究形式，借助QQ教研群进行在线实时"网上沙龙"，展开思维风暴。网络联片教研，以促进教师自我表现为动因，实现了跨区域、大范围、多层面的交流和相互之间的影响，对于促进教师的自我实现与成长有着传统学校教研所不能替代的作用，必将成为现代联片教研的一种极其重要的方式。

第九，教学论坛。教学论坛被视为推动教师成长和提升其综合素养的一种有效手段。一方面，通过邀请专家授课及安排教师外出培训，拓宽教师视野，增强外部影响；另一方面，着重考虑学校实际情况，强化教师自我反思与交流，内化教师的主动需求。教学论坛作为关键载体，既充分发挥了校内资源的价值，又产生了良好的辐射效应。在论坛中，台下教师通过聆听主讲者的分析，借助同伴的思路，从身边案例中形成解决相应问题的专业能力，实现了同伴互助的目标；同时，主讲教师通过反思自身的教育教学行为，借助行动研究，探讨教育教学中存在的问题，进一步思考、质疑或评估教学效果，以实现"自主发展"的目标。

（4）同伴互助策略实施的保障。

第一，营造"安全"的合作氛围。学校教师群体的工作方式直接影响教师对同伴互助的参与程度。在一所充满合作文化的学校里，教师会认为同伴进入自己的课堂或同伴参与班级建设是自然而然的事情，同伴互助本就是这种文化环境中的一种"专业生活方式"。

从教师主观角度来看，教师个人对个人学习目标和智能观念的差异，会对其参与同伴互助的投入程度产生影响。持有智能不可改变观念的教师，倾向于将学习目标视为表现，而认为表现为学习目标的教师，更容易将不足和失败视为"丢脸"，因过分担忧失误而人为地营造出一种不安全的氛围。为消除教师对同伴互助的不安全感，一方面，教师应加强自身学习，从思想认识上明确学习可以改变行为，将暴露的不足和遭遇的失败视为学习的机会；另一方面，同伴互助的组织者应从外部营造安全氛围，将带有考核评价的总结性评价与互助活动分开进行。例如，根据活动目的将观课活动分为总结性评价和同伴互助两类。在互助人员方面，应尽量避免校长、主任、科组长等拥有考核权的人员参与，尤其在同伴互助尚未成熟的学校，更应避免此类情况。

第二，给予时间上的保证。教师同伴互助的时间可由学校加以保障。如每周的某个固定时间，可以把这类已经固定下来的时间利用起来，让教师进行同伴互助。学校还应本着务实的精神把教师从一些意义不大的事务性工作中解放出来。此外，教师自己也要寻找时间，尤其是那些人数较少的互助活动，教师在时间安排上可以更加灵活。

第三，开展必要的培训工作。教师参与同伴互助的培训工作是必不可少的。因为教师习惯于独自工作，对同伴互助的理念、技巧及困难都缺乏了解，针对这种情况可以采取短期校内工作坊的形式对教师进行培训。工作坊可以采取讲授、示范、模拟等多种方法，就同伴互助的理念、程序、技巧对同伴教师进行培训。除此之外，还可以针对同伴互助所需要的心理品质做一些认知训练。

二、同伴互助策略对教师发展的促进

在实施校本教研时强调教师间的同伴互助，可以在教师集体中形成不同的思想、不同的观念、不同的教学模式、不同的教学方法，也可以弥补教师个人的多种局限性，实现教育资源的共享。这就要求教师在教育教学实践中进行自我反思探索的同时，加强与本学科或跨学科教师的专业切磋、协调和合作，互助学习，彼此支持，共同发展。就校本教研发挥作用的机制而言，只有教师同伴互助的参与，才能营造一种研究的氛围，一种研究的文化，一种共同研究的生活方式，可以说教师集体的同伴互助是校本教研的标志和灵魂。教师同伴互助在校本教研中处于重要的地位，对教师的专业发展具有重要的作用。

（一）帮助教师把握教学规律

教学过程是一个有规律的过程，教学过程的规律主要表现在教师引导学生掌握知识过程的阶段上和教学过程内部一些因素之间的必然联系上。这些规律在教学过程中经常存在且反复出现，因此探讨教学过程的基本规律，对教学活动具有重要的指导意义。教师间同伴互助有利于教师分享教学经验，把握教学规律。

在课题教学研究过程中，单个教师的力量明显薄弱，不仅实验数据不够充实，而且研究时间有限，对问题的分析可能不全面、不深刻。而同伴互助活动能够弥补这些不足，由互助的同伴一起组成课题组，就教学中存在的问题与同事进行深层次研讨，实现教研资源的互补和共享。特别是针对一些比较复杂、烦琐的课题研究，同伴互助可以发挥很大的效果，如把课题分为若干子课题，化整为零，提高课题研究的效率。在课题研究活动中，大家畅谈自己的教研心得、感想和困惑，分享彼此的收获、体会和经验，提高了科研能力。同伴互助策略在教师撰写教学案例的过程中有两点体现。首先，收集和整理自己的教学实践素材，对实践素材进行研究，从中提炼有价值的内容，撰写教学案例，并和同事一起修改、完善教学案例，使之成为具有典型意义的优秀案例、精品案例。其次，同伴对案例进行剖析，评析核心问题，总结教学规律，提出应注意的事项等。此外，可以邀请专家、学科带头人和骨干教师担当案例分析的评议者，结合新课程的教学实际提出问题供教师讨论，并在教师充分讨论的基础上对案例进行深刻点评。通过案例解读、角色转换和让优秀教师"现身说法"等方法，激发教师追述和反思自己的典型教学事件，使教师在讲述中进行自我剖析和自我角色定位，进而研究教学疑难与困惑的解决办法。对于优秀案例，学校要组织专门力量进行加工、整理、编印，作为经验加以宣传和推广，在更大范围内实现教师经验的共享。课题和教学案例等的撰写，都能充分地促进教师同伴之间深入研究教学中的实际问题，积极寻找解决问题的方法和途径，共同分享教学经验，把握教学中的规律，从而提高教师的专业水平。

（二）帮助教师提升理论素养

同伴互助策略促进了教师理论素养的提高，拓展了教师的普通文化知识，更新了教师的学科知识，深化了教师的教育科学知识。

第一，拓展了教师的普通文化知识。现行新教材虽然在学科难度上有所调整，但涉及社会、生活方面的知识、案例及情境较多，导致讲授过程中往往显得力不从心且不够专业。此外，如今的学生接触信息丰富，思维活跃，他们不满足教师仅局限于教材的讲解，期望拓展知识并与教师展开更加广阔的交流。这无疑对教师的学识提出了更高要求。因此，教师需广泛阅读、关注时事、跨学科学习，使其成为教学生活的重要组成部分。通过同伴间的交流学习，教师体验到了学习的乐趣，以及教师之间的相互尊重、相互依赖。丰富的文化知识使教师在教育教学中更加得心应手。

第二，更新了教师的学科知识。新课程标准的制定要求课程内容的选择具备时代性，这意味着课程设置应体现当代社会的发展与科技进步，展示各学科的成长趋势，关注学生的实际经验，强化课程内容与社会生活的紧密联系。国家课程作为学校核心课程，是教师开展课堂教学的主要依据。鉴于国家课程编写完成后将长期使用，其知识体系的更新速度势必无法与社会、经济、科技的发展步伐一致，因此教师不断更新学科知识是履行其职责和义务的表现。

第三，深化了教师的教育科学知识。许多教师对教育教学理论的理解程度不够，没有形成完整的知识体系；理论与实践的结合能力不强，对教育教学理论用于教学实践持怀疑的态度，认为理论可有可无，只是写论文的点缀。但事实并非如此，只有熟练地驾驭一系列教育教学理论术语，才有可能熟练地表述一系列基本原理，才有可能对教学实践给出合理的解释及规范的表述，才有可能对实践行为做出深刻的反思，从而改进教学效果，提高教学质量。

（三）可以激发教师创新意识

创新是素质教育的根本，是一个民族进步的灵魂，是一个国家兴旺发达的不竭动力，是一个民族永葆生机的源泉。要培养学生的创新意识，关键在于教师，只有具备创新意识、创新精神的教师，才能培养出具有创新意识的学生。培养创新型教师是教育管理者追求的方向。教师创新意识的培养关键是在不断学习中改变以往观念，在实践中改变以往行为，敢于打破传统教育中的条条框框。同伴互助策略通过开展各种形式的活动，为教师营造了一个平等、和谐的氛围，通过交流、沟通、学习，获得职业上的幸福感和成就感。思维和思维的相撞产生出思想的火花，一个个闪耀着智慧的新点子、新思路、新办法就在教师的互相讨论、争辩、交流中产生了。也许是困惑个人多年的教育教学谜团，在"碰撞"中迎刃而解；也许是以前顾及面子而没能向同行启齿的教学问题，现在却成了讨论中的"专题"；也许是平日里自己理解得很肤浅的教育教学理论，在大家的相互质疑、探究中得到了深刻的理解和顿悟。同伴互助策略使教师通过与他人的思想碰撞和经验交流，获得了更多的启示及对专业问题和经验更深刻、更全面的认识，实现了自身经验的提升和理论水平的提高，激发了教师的创新意识，加速了教师自身的专业成长。

（四）利于教师改进教学方法

提高教学水平和教学质量，就必须进行教学方法的改进。但是，改进教学方法没有固定的公式和定理，要靠教师发挥主观能动性，通过艰辛实践和苦心摸索，不断试验、分析、总结和提高，才能得到改进。与同事一起观察、讨论教育实践，以"旁人"的眼光来审视自己的教育实践，能使自己对问题有更明确的认识，并获取解决问题最广泛的途径。了解同伴的教学思路，并提出自己的教学设想，在充分交流的基础上，共同反思教学意识和教学行为，使个体从团体中获得自我发展的宝贵资源，从而达到个体互相促进、团体共同发展，进而改进教学方法。例如，专题探讨的重点是为教师提供"教什么"和"如何教"的模式，其目的在于解决教学实践问题。针对大家在教学中的困惑，筛选出带有普遍意义的问题，确定一个专题，开展专题研讨活动，让互助小组的教师集思广益，各抒己见，并进行深入的教学研究，使教师明确现阶段新课程教学的重点和应注意的问题，从而探索出有效的教学模式和教学方法，提高教师的教学能力和科研能力。通过专题研讨，教师对新课标的精神有了进一步的领会，对学生的学习过程和自己教学实践中存在的问题有了进一步的认识，对自己今后教学方法的改进也有了进一步的提高，从而实现思维共振、经验共享、情感共鸣，提高全体教师的专业发展水平。

综上所述，同伴互助是一种典型的依托群体支持的个体活动，是同事之间合作进行的协作性反思。它既是校本研究的一种重要形式，也是教师专业发展的一项有效策略。更重要的是，同伴互助有助于突破教师之间的相互隔绝，营造一种相互协作、相互支持、相互促进的教学研讨氛围，有效地促进教师在互补中共同成长。实践证明，同伴互助在教师的专业发展中正发挥着越来越重要的作用。

第四节　教师发展的课例示范策略及实施

作为促进教师专业发展的策略之一，课例示范策略是一种以课例研究为根本，以示范引领为主要方式，以促进教师专业发展为最终归宿的教师培养方法。它的独特性在于以课例示范为呈现形式，在课例示范的过程中，通过教师个体与教师群体针对具体的教学实例进行研究打磨、研讨交流、借鉴学习等，以提高教师自身对教学实践过程的认知能力、研究能力，进而在提高教师自身教学水平的同时，不断提升自身的专业素养，使教育教学的理论研究与实践探索更加有机地结合在一起。

一、课例与课例示范策略的实施

（一）课例的解读

简单来说，"课例"就是"教学课例"，指实际的教学例子。本书所讲的"课例"是指通过影音或文字手段对一堂课进行课堂教学的实录，并以此为基础对这节课进行分析与反思，阐述这样进行教学的理由和认识，最后，把这堂课的教学过程、方法措施等进行整理，加上适当的说明与评析，形成一篇课堂教学的纪实性文章。

课例不仅仅是一个课堂教学的实录，它还要体现一种对教学过程的思考，用以明确课堂教学到底较好地体现了哪种教育教学思想，具有怎样的总结与推广价值。换言之，课例要有研究的成分在其中。同时，课例作为一种独特的课堂呈现形式，与教案、课堂实录、课堂片段、说课稿、教学案例等有着截然不同的特点。一般而言，课例应当是可供描述的，可供研究的，可供学习的，也是可以再现的。课例的构成一般有以下四个要素。

第一，主题与背景。主题与背景是课例的第一要素。虽然课堂教学本身是复杂的，但作为课例本身，它所要面对的并不是教学中出现的所有的问题，与此相反，它往往指向一个具体的教学问题，也就是研究的主题。然后对这一主题进行深入发掘，使学习者对此更加明了。主题的选择有其相应的背景，且大多源于理念与实践的碰撞。在课例中对这些背景的交代可以使读者更加明确地感受到课例的价值和意义所在。

第二，情境与描述。课例的载体是学科的课堂教学，因此，对真实的课堂教学情境的详细描述及对其改进的研究过程的记录是必不可少的。课例的描述虽然不能杜撰，但其情节可以围绕研究的主题进行适当的调整与改编，用以凸显要解决的问题。在这期间，甚至可以适当地插入执教者本人当时的某种想法、感觉等，力求准确、精减、引人入胜。

第三，问题与讨论。课例反映的是教师不断改进教学的全过程，因此，这一过程既包含了需要解决的问题，也包含了由问题而引发的后续讨论。教师以问题为线索交代课例产生的整个过程，可以使学习者明晰教学研究的来龙去脉。对学习者来说，单就这一点而言，便极具启发与学习的价值。当然，课例中所涉及的问题及在后续讨论中可能产生的新问题，未必都会在课例中得到恰当解决，但这种开放性恰恰为其他教师研究与学习的持续预留了更大的发展空间。

第四，诠释与研究。课例以课堂教学的实例为研究基础，同时搭建了一个可供广大教师研究与解决问题的平台。教师对于课例产生过程的诠释与解读所反映出来的关于课堂教学本质规律的客观事实，使课例具有了一种可供推广与学习的普遍性意义。不过，教师借助课例而进行的这种诠释应当切合实际，并且紧扣课堂教学和讨论的实例，不能空谈。

（二）课例示范策略及其实施

示范就是做出榜样或者典范，供人们学习。在现实生活中，任何行业都需要发挥示范作用，即通过行业内部的示范引领，明确在行业内部发展的方向，树立正确的评价标准与价值取向，激发行业内部的向心力和不断发展的动力。例如，教育行业内的"师德标兵""学科带头人"等荣誉称号，虽然其本身只是一种荣誉，但也是对教师个体价值的一种认可与肯定，就整个教育行业而言，这些称号实际上更是一种面向教师群体的示范。有了这种"示范"，普通的教师就能够进行对照并发现自身的差距，进而找到努力的方向，不断完善自我。本书所说的示范，是以课例为载体的示范。这种"示范"立足于教学操作与理论研究相结合的层面，其本质是通过典型课例的示范把两者相结合的最佳方式加以展示，并呈现在广大教育工作者面前，以便他们结合自身的实际情况更好地开展教学和研究活动。

1.课例示范策略的内容

课例示范策略，就是引导并促进广大教师结合自身教育教学实践进行教学课例研究，打造课堂教学精品，开发优质教育教学资源，实现优质资源的共建共享，并在研究与示范的过程中，使广大教师实现专业能力与专业素养的整体提升，进而提高课堂教学水平和教育教学质量，引领教育教学发展的趋势和方向的课堂教学方略。这一含义的界定至少应包含以下三个方面的内容。

（1）课例示范应当以课堂教学为载体，并在此基础上揭示教学背后所蕴含的各种因素的发展与变化，从而解决问题。

（2）课例示范应当属于课例研究的范畴，但过程中更强调示范的功能与作用，并力图通过课例示范提高一定区域内教师队伍的整体教学水平。

（3）课例示范作为促进教师专业发展的一项策略，要求教师不断地关注理念，不断地对他人和自己的教育教学行为进行反思，找出差距，使学生在真正得到收获的同时，教师也能明确努力的方向。

上述课例示范策略的含义使其具备了示范引领功能，也使我们更加明晰了课例示范策略的呈现形式，如教学观摩研讨、精品课研磨、课例研究报告的交流、校本教研活动的开展等。但无论其以怎样的形式来呈现，课例示范策略的本质内涵都不会发生变化。

2.课例示范与课例研究、案例分析的关系辨析

课例示范、课例研究与案例分析都是研究课堂教学的具体事例，属于案例研究范畴，通过研究个体探索共性关系，使其具有普遍的指导意义。但三者之间也各有侧重。课例示范包括课例研究与案例分析，还有引领辐射的意思，其研究的都是成功的典型案例；而课例研究与案例分析分别是研究成功案例和问题案例，注重得出成功或失败的结论。具体而言，课例研究是在新课程改革深入开展的背景下产生的一种校本教研活动的方式，是一种以成功"课例"为载体的教学研究活动。课例研究围绕如何上好一节课展开，并把对教学的研究工作渗透或融入教学的全过程，贯穿备课、设计、上课、评课等所有的教学环节。课例研究的活动

方式以同伴成员的沟通、交流、讨论为主，其研究成果主要呈现的样式是文本的教案和案例式的课堂教学。案例分析是专业技术学习和业务培训工作中的一个重要内容，是通过对一个含有问题在内的具体教育情境的描述，或通过录像回放等方式对某一教学情境的描述，以引导教师对这一特殊情境进行讨论的一种校本研究方法。

3.课例示范策略的特征

（1）实践性特征。课例示范策略的出发点与归宿都是解决教学实践中存在的实际问题，以实现有效教学。在这一过程中，无论是发现问题还是最终解决问题，其实都根植于教学实践，正所谓"实践出真知"。所以，教师要真正意义上实现教学观念的更新、教学行为的改进、教学水平的提高，就必须进行教学实践，在不断的教学实践中提升自身教学实践的智慧。随着课程改革的推进、时代的发展与社会的进步，这种需求尤为迫切。毫无疑问的是，课例示范策略本身就具备教学实践的作用，并且可以发挥教师群体作用，在教学实践中发现问题、解决问题，在提高教学质量的同时，实现教师的专业成长。

（2）示范性特征。教学过程不仅是一个由教师引导学生掌握知识、发展智力的认识过程，也是一个师生情感共融、价值共享、共同创造、共同成长、共同探索新知、共享生命体验的完整的生活过程。因此，当课例示范作为展示完整的一节课或围绕一节课展开的系列教学活动；作为一种教学全景的实录，在真实、具体、完整、动态化地呈现在广大教师的面前时，就必然会给广大教师一种正确的引领，从而发挥其教学示范的作用。同时，"教学与研究的一体化"也使得课例示范策略的教学示范作用更加突出。

（3）研究性特征。教育科研就是运用教育科学和学科科学的理论与方法，有目的、有计划地对教育教学中出现的现象与问题进行研究的一种实践活动。课例示范策略就是其中的一种实践活动，它使课堂教学不仅成为教师自我反思的对象，而且成为教师同行或教研专业人员共同讨论的领域。它改变了以往教学研究的面貌，使教学研究摆脱了纯粹的思辨或知识游戏，开始了以"过程"研究为核心，关注并尊重每个学生的学习，发现并解决课堂教学实践问题的实践研究。这也使得教师的教学科研意识得到了增强。在课程改革的大背景下，今天的教师已经不再是传统的"传道、授业、解惑"角色，相反，现代的教师应当对教材、教法、专业技能、专业理论进行系统的学习，具备较强的学习能力、教学能力和研究能力，既应当作为教学能手"教书育人"，也应当作为不折不扣的研究者进行教学研究。课例示范策略的这种教学研究的作用，正体现在促进这一转变的过程之中，最终有益于培养符合时代需要的"专家型"和"创造型"的教师。

总而言之，对于课例示范策略我们还在不断深入研究，相信这将会使我们对这一策略的含义、作用有更多、更深刻的认识。

4.课例示范策略的目标

课例示范策略的目标具体体现在以下四个方面。

（1）探索教育教学的普遍性规律。在教育教学领域，对普遍性本质规律的探讨始终是其核心主题。课例示范作为一种具有实践特性的探索方式，体现了"实践出真知"的原则。课例示范具备明确的目标、规范的操作、基本原则及切实的保障措施，构成一个完整的系统工程。在此过程中，教师需有针对性地开展研究，通过分析教育教学现象、解决教学问题、总结教学经验，深化对教育教学本质规律的理解，进而指导实践。因此，有效探索教育教学普遍性规律的关键在于课例示范。

（2）提高教学的整体水平。课例示范对于教师群体整体教学水平的提高意义重大，其根本原因在于，课例示范增强了教师的课程意识，使教师由单纯的课程执行者转变为课程的研制者。因此，在课例示范的过程中，伴随着课例的研制也成功地打造了优秀的教师团队，培养了大批的名师，进而通过名师名校的作用，带动、促进区域乃至地区教学不断向前发展。当越来越多的教师能够自觉主动地站在课程编制者的角度去组织和实施教学的时候，教学的整体水平自然会得到极大提高。而这也是课例示范的初衷。

（3）促进教学实践与科研一体化。课例示范本身就是教育科学研究的一部分。长期以来，以科研指导教学，以教学促进科研，始终是教育教学工作的一个方向性的共识。发挥科研优势，指导教学实践，两者相辅相成，其一体化的进程正是课例示范过程中所遵循的准则与核心目标所在。课例示范正是立足于促进其一体化这一目标，一方面，发挥科研先导的优势，通过科研进行高定位，给教学实践以理论上的支撑；另一方面，在教学实践中对既定的教学理论进行检验、创新、发展，使教学理论从实践中走出来，再走进去，以实现理论与实践的协调统一。

（4）推进课程改革均衡发展。课例示范是为了推动课程改革向纵深发展而提出的必然要求，必须定位在调动广大教师的积极性，有力推动课程改革发展这一基点上。在这一背景下，广大教师从教学观念的转变到教学行为的转变，与其说是一种尝试与创新，不如说是对课程改革的不断深入。在这一进程中，课例示范为教师之间、学校之间、地区之间搭建了互动交流的平台，使不同地区、学校的教师能够通过这一平台，在互动交流中及时了解教育教学的新理念、新动态，找到彼此间的差距，明确发展的方向，并通过行动缩小这种差距，进而促进教育的均衡发展。

5.课例示范策略的实施

对于课例示范策略的实施，我们虽然积累了比较丰富的实施经验，形成了比较完善的实施办法，但由于其本身的呈现形式是多种多样的，因此其实施的途径与方法也是多种多样的。

（1）课例示范策略实施的基本原则。课例示范策略在促进教师专业发展的过程中仍然处于一个研究的起步阶段，因此在实施的过程中必须遵循以下原则。

第一，统筹性原则。统筹性原则要求课例示范策略在实施的过程中，从整体的、全局的观念和视野出发，把教师队伍情况、实际教学情况等诸多方面的工作予以全面考虑、整体设计，统筹兼顾，使影响策略实施的诸因素形成合力，以提高实施效果。

第二，实效性原则。实效性原则要求课例示范策略的实施重在过程，重在效果。其实施过程中要随时考虑到实际情况的变化，及时调整，讲求实效，充分发挥课例示范策略对教师专业发展的促进作用，避免出现盲目性。

第三，科学性原则。科学性原则要求课例示范策略的实施必须遵循教育教学的本质规律，体现教师培养和教学改革发展的需要，认真研究学生身心发展的特点、认知规律和客观环境，以事实为依据，以实践为标准，更新教学观念，改进教学方法和手段，提高课堂教学效率和质量。

第四，创新性原则。创新性原则要求课例示范策略呈现的形式是多种多样的，因此在实施的过程中必须注重其在内容与形式上的创新，力争将本学科领域的最新研究成果及时反映到实践中，使教师能够自觉主动地站在课程编制者的角度去组织和实施教学。

（2）课例示范策略实施的基本方式。

课例示范策略实施主要有以下三种方式。

第一，研究经典课例，转变教学行为。所谓"经典课例"就是指那些已经在较大范围内进行示范推广，并为大家认可，已经成为某一学科教学"教科书"式的课堂教学实例。这些经典课例往往是由教学的名师名家执教，就其表现形式而言，既可以是教学录像，也可以是课堂实录或者教学设计的文稿。学校可以依此遴选出国内名师的经典课例，发给学校教师，作为教师个人进行教学实践、对照与反思的一个载体，它既是教师进行教学理论研究的素材，也是教师在教学上模仿学习的范例。通过对照经典课例，教师可以有目的地反思自身的教学行为，找到自身的差距；在专家、名师的引领下，教师可以在短时期内有效地改善自身的教学行为，提高教学的水平，最终实现教师的专业发展。研究经典课例有以下四个步骤。

一是教师根据自身教学的实际情况，如教学风格的追求、教学能力的强弱等，有目的、有针对性地选择经典课例。

二是有目的地反复观摩学习，结合自身的教学实践和发展需要对经典课例进行分析研究，对照经典课例反思并找到自身教学实践中存在的问题和差距，寻找解决的策略与方法。

三是在自身的教学实践中，针对存在的问题和差距，运用相应的策略与方法进行反复尝试，努力改善自身的教学行为的同时，解决问题，缩小差距。

四是根据整个分析研究、反思实践的过程，撰写经验报告，报告应包含经典课例实录或者片段实录、问题的分析与研究、形成的解决策略与方法、实践的效果、整个学习过程的经验体会等，以便其他教师借鉴学习。

第二，研制精品课例，提高课堂质量。研制精品课例与经典课例分析研究恰好相反，它们是基于两个不同的出发点。如果说经典课例的分析研究是一种源自已有的典型课例的理性思考与认识的话，那么精品课例的研制就是一种源于一线相对普通的教师在教学实践中的探索与打磨，在反复的教学实践修正中不断提高认知水平、教学水平。伴随着精品课建设工作的逐步推进，不但打磨出了一大批精品课例，而且通过研制精品课例打造了一批名优教师，进而提高了课堂教学质量。由此可见，精品课建设既是课程改革的需要，也是教师实现专业发展的必然需求。精品课建设大体分为以下五个阶段。

一是启动申报阶段。这一阶段的主要工作是建立健全组织领导机构，确定实施方案，结合教学的实际情况和教学中存在的实际问题，确定精品课例研制的内容，并进行申报。

二是打磨研制阶段。这一阶段的主要工作是在一定区域内，在一定教师群体内进行精品课例的研制与打磨。这是一个相对比较漫长的过程，同时也是一个比较曲折的不断反复的过程。在这一过程中，围绕精品课例内容，执教的教师要多次上课，多次改进，参与研究的教师要不断提出建议，与执教教师共同精雕细刻，完成精品课例的最终研制。

三是互动交流阶段。精品课例研制成功以后，由业务主管部门负责组织召开精品课例的展示交流活动，扩大精品课例的影响范围，使更多的教师在精品课例的互动交流中得到启示，提高认识。

四是精品课例录制及文稿撰写阶段。这一阶段主要由相关职能部门负责组织进行精品课例的录制，同时由执教教师撰写精品课例文稿。文稿除了真实记录教学的全过程外，还要记录精品课例研制的前后经历，阐明精品课例研制带来的思考与认识，以及形成的理性经验。

五是展示推广阶段。这一阶段的主要目的在于实现精品课例的资源共享，力图通过观摩、论坛、研讨、网络交流等形式为地区的教学作出示范和引领。

第三，提高原生态课水平，实现课例示范常态化。课例示范策略的最终目的是服务一线教学，全面提高一线教学的常态化教学水平，这也是我们努力促进教师专业发展的目的所在。因此，提高常态课水平，实现课例示范常态化是课例示范的根本所在。精品课形成与示范作用发挥的主要环节是确定教学内容→明确研究主题→设计并进行教学实践→改进教学并进行展示观摩→反思交流→形成研究成果（精品课）。因此，课例研发者要一边精心打磨精品课，一边在学校营造一个适宜教师发挥积极性、主动性，"凝神静气"钻研教学的工作环境，扎扎实实地做好常态课教学管理，逐步实现常态课向精品课的迈进，真正促进教师专业发展，切实提高教学质量。

实现课例示范的常态化已经成为基层学校的一项常规工作，各基层学校结合学校的实际情况，与其他工作协调整合，制定切实可行的方案及实施办法，使之得到扎实而有效的落实。具体做法有以下三个方面。

一是以校本教研为主导，积极开展校内各种教学研究。每一所学校在日常工作中都安排有各种形式的汇报课、调研课、达标课、竞赛课等，学校领导应抓住这些契机，落实好与之相关的各项工作，把这些教学活动看成一个过程，从课例示范策略的角度与高度进行引导，鼓励并帮助教师深入思考、及时反思并撰写课例。

二是加强课堂教学研究指导，提高教师观课、议课水平。观课、议课是学校教学研究最常用的方式，与传统的听课、评课相比增加了主题研究等内容，使课堂教学更加科学有效。因为观课是观察者带着明确的目的，凭借自身感官及有关辅助工具，直接从课堂情境中收集资料，并依据资料做相应研究的一种教育科学研究方法。议课更多的是围绕主题进行深入交流，而不是泛泛空谈，流于形式。因此，在常态化的教学研究工作中，学校对教师的日常观课、议课有明确的要求和细致的指导。教师提高了观课、议课的积极性与主动性，教学研究的意识明显增强，从教学实践中获得了最直观的教学经验，实现了自身的专业化成长。

三是锐意尝试，提高教师教学实践能力。无论教育理论何等卓越，若缺乏实践支持，都显得乏力。为此，我们强调教师实践教学，使课例示范趋于常态化。重点将教师内在的教学理念、自身知识与能力转化为外在教学行为。尽管这是一个渐进的过程，需持续实践、比较分析、反思调整，但正是这一过程，推动了常态课例水平不断提高，实现了课例示范常态化，从而促进了教师专业发展。

二、课例示范策略对教师发展的促进

（一）促进教师工作方式的转变

教师参加课例示范策略研究以来，在思想意识方面发生了根本转变。随着研究工作的深入推进，教师自主发展意识明显增强，表现为主动学习、积极参加各种研修活动、主动把问题转化为课题研究，能够把内在的需求与工作的需要结合起来，由工具主义的教师观转变为人本主义的教师观等。这些转变使教师个体从被培养的对象提升到了发展主体的地位。正是因为课例示范是一个教师全程参与的过程，因此教师必然会由于认识上的需要、思想上碰撞与交流的需要、反思的需要等诸多的需要，不自觉地产生一种"缺失性"的内在需求，进而形成一种发展的动力。在课例示范的过程中，教师在不断地获得发展满足的同时，还会自然而然地形成一种自主意识的自我约束，用以在其实现专业发展的过程中时刻提醒自己达成新的目标。

（二）激发教师教学研究的内驱力

概括而言，课例是开展校本教研的有效载体，而课例示范是教师实现专业发展的重要途径之一。课例示范策略要求教学研究贯穿备课、设计、上课、评课等诸多教学环节；活动方式又是以同伴成员的沟通、交流、讨论为主；以专业研究人员的点评、辅导为辅，教师全过程参与交流。这就使得教师必须深入研究教材、吃透教材，对教材的知识体系、编写意图、编排特点、学习的重难点、隐含的思想方法、呈现的教与学的方式及习题的练习功能等都要进行细致研究，了然于胸，运用自如，以便为参与研讨奠定良好的基础。因此，极大地激发了教师研究教学的兴趣，有效地促进了教师专业水平的提高。

从另一个视角来看，教育改革的本质并非仅涉及个体教师，而是整个教师团队的提升与发展。教师团队的协同交流、实践反思是推动其专业进步的核心要素。课例示范策略正是基于这种整体性的实践与提升，为教师提供了共同观察课堂、课后互相评价、反馈教学、共同优化教学的契机。在此过程中，无论是遇到困惑还是取得成功，教师都可以根据自身实际情况和需求，在团队互动研究中解决教学难题，掌握有效策略和方法，进而激发更多教师相互学习、分享经验，及时反思、探讨与教育教学实践相关的问题，提升教师队伍的整体专业素养、教学实践智慧和实践水平。因此，团队协作与交流进一步增强了教师深入研究教学的积极性和主动性，强化了教学研究的动机，提高了研究能力和水平。

（三）促进教师反思能力的形成

教师作为研究者已经成为教学研究的主体，尤其在校本研究中，教师的作用更为突出。课例示范策略恰好为教师的专业发展提供了广阔的研究与反思的空间，使教师能在教学的研究与反思中超越自我。正如哲学家黑格尔所说，反思就是指跟随在事实后面进行反复的思索，是得到对象的真实性质的必要途径。课例示范就好像一面镜子，它在真实地反映教师在课堂中的教学行为的同时，也为教师的专业发展提供了最为切实有效的方法与途径。

课例示范提升了教师的自我反思意识与能力，为教师提供了自我反思的平台，使教师在反思中成长，在反思中实现认知的深刻变化，进而影响对教学实践的改进。可以说，在课例示范的整个过程中，教师对于教学实践及其自身教学行为的思考是反复而深入的，是全程伴随的，最终使教师的实践智慧得到不断提升。

课例示范培养了教师的问题意识，提高了教师的科研能力。增强教师的问题意识是培养教师教育科研意识的前提。在课例的研究过程中，教师会产生各种各样的问题和困惑，这些都为教师进行教育科学研究创造了有利的条件。教师也正是在研究与解决这些问题的过程中，在把感性材料进行理性的、创造性的分析过程中提高了自身的科研能力。

课例示范增强了教师的合作意识，提升了教师的群体智慧。课例示范的过程不是一个人的事，需要教师群体合作完成。无论是各种知识与经验的交流与传播，还是对教育教学的深入研究、对教学的整体改进，都需要教师在群体中相互启发、平等合作。在这一过程中，不但教师的合作意识得到了增强，群体智慧也得到了提升。

（四）促进教师教学理论与教学实践的协调发展

在课题研究过程中，教育教学理论知识作为教师知识体系的一部分是不可或缺的。然而，在实际的工作中，很多教师往往因为忙于日常的繁杂事务而忽视了对教育教学理论研究的学习。即使教师有意识地进行了教育教学理论知识的学习，但也存在着理论知识与实际需要脱节的情况，无法准确地衔接理论知识与自己的教学实践，进而导致学习的盲目性和低效性。对于广大教师而言，往往需要一种源自教学实践的，将理论与实践进行了较好结合的教学实践经验或者是直观体验。因此，我们在普及一般教育学、心理学知识的前提下，根据具体课例的需求，提供相关的理论知识，使教师逐步理解和掌握相应的理论知识，进一步理解理论知识的重要性，把理论学习与实践工作有机结合起来，在进行研究时，初步形成教育思考和专业的自觉行为。

课例示范策略也正是在理论与实践的碰撞与磨合中产生的，它成为教育理论学习与教学实践操作紧密相连的纽带，在操作层面上给了教师一种具体实施的办法，扭转了长期以来教师培训内容偏重教育教学基本原理的学习与研究的局限，开始强调教师学习的内容应当来自教师教育教学实践中的问题，使教育教学的实践性知识在教师专业发展中逐渐受到了更加广泛的重视，使教师能在基于问题的实践中进行理论研究与学习，并体会到工作的过程就是学习的过程，从而形成工作学习化的良好态势。

此外，课例示范策略以教师在教育教学活动中的实际案例为基础，将抽象的教育教学理论转化为具体的个体教育教学经验。在真实且具象的教学情境中，课例示范策略生动地诠释了教学理论与思想，并着手解决课堂教学中的实际问题。从而将教育教学理论与实践紧密结合，实现教师对教育教学理论的学习与理解。

课例示范策略围绕如何上好一节课来开展研究，把理论与技术研究渗透或融入了整个教学过程，贯穿备课、设计、上课、评课等全部教学环节，特别是"课堂教学的示范"与课后的"研究与反思"，在实现了前面所说的"教学与研究一体化"的同时，真正为教师的专业发展提供了方向性的引领。

综上所述，课例示范策略作用的发挥必须关注以下三点。

第一，课例示范策略关注教学中的基本问题，把问题作为研究的起点和载体，贴近教学的实际。

第二，课例示范策略关注教师的实践，既挖掘教师个人的潜能，又充分发挥集体的智慧，帮助教师解决教学困惑，提升专业素养。

第三，课例示范策略关注常态教学，为改变教学的常态而服务，努力全面地反映教师专业化的真实情况。

课例示范策略是根植于广大一线教师的实践，是对自身教育教学理念与行为的不断反思、不断调整、不断自我建构，紧密地与常态下的教育教学实践相结合，这种本质特征决定了对教师专业发展的特殊作用。

结束语

在探索教育教学设计与教师发展路径的过程中，笔者深入挖掘了教育教学的深层含义，以及教师在这一过程中的关键作用。本书致力于为教师和教育工作者提供实用的理论框架和工具，以提高教育教学质量，促进教师的个人成长。希望本书能激发教育工作者对教育教学设计的热情，鼓励他们在实践中不断创新。同时，也期望教师能从本书中找到适合自己的发展路径，提高教育教学水平，更好地服务学生。尽管本书试图勾勒出教育教学设计与教师发展的全貌，但教育是一个永无止境的旅程，本书只是这一旅程中的一个重要路标。期待每一位教育工作者都能在教育的道路上继续前行，不断探索，不断创新。

参考文献

一、著作类

[1] 崔友兴.中小学教师专业发展动力论[M].成都：西南交通大学出版社，2018.

[2] 杨彦如，王文博，韩志伟.高职教学设计[M].北京：中国轻工业出版社，2009.

二、期刊类

[1] 斑振.中小学教师学习共同体发展的困局及未来指向[J].教师教育论坛，2017，30（10）：43-46.

[2] 曾祥艳.教师专业发展及教师专业发展阶段[J].课程教育研究（新教师教学），2016（14）：92，211.

[3] 曾艳.基于区域性名师工作室的教师专业资本流动与扩散[J].教育发展研究，2017，37（24）：8-13.

[4] 崔友兴.中小学教师专业发展动力的现状调查研究：以重庆市的三个区县为例[J].天津师范大学学报（基础教育版），2016，17（1）：32-36.

[5] 都瑞.启发式教学新探[J].文教资料，2018（11）：238-240.

[6] 高雅妮.探寻信息化背景下高等职业教育发展与改革[J].大学：教学与教育，2021（35）：24-26.

[7] 何冬玲.同伴互助促进教师专业成长[J].课程教育研究（新教师教学），2014（15）：110，111.

[8] 黄营满.地方政府在高等职业教育管理中的角色定位研究[J].教育与职业，2009（20）：50-51.

[9] 阚斌斌，杨玉倩.中小学教师发展性评价的实施策略探究[J].教育探索，2022（4）：80-83.

[10] 李慧转.名师工作室"混合式"校本研修模式，助推教师专业成长[J].都市家教（下半月），2017（5）：92.

[11] 林小文.中小学教师培训需求管理的问题及对策[J].黑河学院学报，2020（12）：72-74.

[12] 刘奉越.职业教育产教融合组织形态的实践样态及演进逻辑[J].高等工程教育研究，2024（1）：138-143.

[13] 马君.中国职业教育学的反思与建构[J].职教论坛，2012（7）:38-43.

[14] 庞继容.浅谈促进教师专业成长的途径：依托名师工作室狠抓课题研究[J].北极光，2016（12）：310.

[15] 綦俊杰.名师工作室促进青年教师专业发展的策略[J].化学教育（中英文），2021，42（9）：113.

[16] 沈坤华.名师工作室：教师专业成长的加速器[J].中学化学教学参考，2021（17）：76-78.

[17] 石月新.以名师工作室引领青年教师专业成长[J].辅导员下旬刊（教学研究），2015（4）：61.

[18] 孙文升.高等职业教育信息化资源共建共享的探索[J].办公室业务，2021（24）：115-116.

[19] 唐苏苏.团队建设法在员工培训中的应用评介[J].职教通讯，2016（28）：50-52.

[20] 王文颖.探究中小学教师专业发展的途径[J].新课程学习（下），2012（1）：53.

[21] 吴军其，王薇.智能时代中小学教师专业发展的学校支持研究[J].教育研究与实验，2021（4）：83-87.

[22] 肖好.教师发展视域下中小学教师评价的问题与对策[J].教育探索，2022（11）：69-72.

[23] 徐睿婧.以学定教，同伴互助，构建高效课堂[J].中学课程辅导（教学研究），2015（12）：150,151.

[24] 严胜文.基于名师工作室的青年教师专业发展模式探索[J].贵州教育，2022（1）：19-21.

[25] 袁成，廖洪森.让名师工作室助推教师专业成长[J].思想政治课教学，2016，

3（3）：89–92.

[26] 赵倩铭．名师工作室引领下的教师专业发展探究[J]．中学教学参考，2022（12）：85–87.

[27] 周惠颖．高等职业教育数字化资源的设计模式研究[J]．中国信息技术教育，2015（23）：127–130.

[28] 左蕾，朱强．科学性原则及其对成人教育管理的实践规约[J]．继续教育研究，2013（5）：33–34.

[29] 刘文甫，李园元．中小学教师专业发展策略的探索与构建[J]．中小学教师培训，2011（12）:9–11.